中共上海市委党校　上海行政学院
干部能力培训系列教材编委会名单

主　　任：王国平
副 主 任：曾　峻
委　　员：王公龙　董凌白　王伟萍　张春美
　　　　　王志平　程竹汝　刘宗洪　陈奇星
　　　　　马西恒　毛军权　刘旭东

本书编写项目组成员

主　　编：董幼鸿
项目组成员：容　志　陶　振　孙志建

干部能力培训
系列教材

应急管理

Yingji Guanli

董幼鸿 主编

上海人民出版社

总　序

教材建设是干部教育培训的基础性工作，是全面深化干部教育培训改革、全面提升干部教育培训质量的重要保证。中共上海市委党校、上海行政学院高度重视教材建设，把它作为实现校院新一轮发展目标、实施教学品牌战略所必需的重要内容，并提出了精品导向、突出特色、形成系列的要求。

近年来，为紧密服务上海中心工作、满足干部教育培训需求，我们组织本市党校系统教师和部分一线工作者，先后编写了《春风化雨》、《不竭源泉》等上海市干部教育培训案例教材。2013年，为深入学习贯彻党的十八大和习近平总书记系列重要讲话精神，我们组织编写了《中国特色社会主义纲要》。以上教材出版后，得到了广大干部和党校、行政学院教师的普遍好评。

党员干部的领导水平和能力素质如何，直接决定着党执政能力的高低，关系到党的路线方针政策能否得到有效贯彻落实。党的十八大提出，要“加强和改进干部教育培训，提高干部素质能力”。党的十八届三中全会强调，要“完善和发展中国特色社会主义制度，推进国家治理体系和治理能力现代化”。当前，上海面临着加快推进“四个率先”、加快建设“四个中心”和社会主义现代化国际大都市，奋力推进创新驱动发展、经济转型升级，继续当好改革开放排头兵和科学发展先行者的重任。新形势新任务要求大力加强全市广大干部和公务员的能力建设。为此，校院决定，新一轮教材编写工作要以“紧扣干部需求、服务能力建设”为基本导向，重点聚焦政策制定、依法行政、群众工作、应急处置、舆论引导等干部必备能力。

2013 年 4 月，校院干部能力培训系列教材编写工作正式启动。首批系列教材包括《群众工作》、《应急管理》、《媒体沟通》、《心理调适》、《公共政策》、《法治思维》和《职业道德》7 本，分别由具有相关教学经验和理论功底的我校学者、专家组成项目组负责编写。为保证顺利推进，校院成立干部能力培训系列教材编委会，负责选题策划和大纲评审，并由教务处负责日常保障与协调推进。下一步，我们还将根据干部能力建设需要，编写相应教材。

我们期待，通过扎实工作和共同努力，系列教材能够紧扣干部需求，凸显问题导向，体现时代性和实践性、针对性和实用性的紧密结合；能够把握好实践语言和学术语言的关系，做到深入浅出、通俗易懂；能够紧密联系上海发展实际，体现上海党校、行政学院特色，从而为校院培育教学品牌奠定坚实基础，为全市干部教育培训作出应有贡献。

中共上海市委党校常务副校长
上海行政学院常务副院长
王国平
2014 年 7 月

目　录

第一章
风险社会:挑战与应对

人类社会进入21世纪以来，随着世界多极化、经济全球化、社会信息化和生态环境极速变化，各领域突发事件层出不穷，逐步呈高发态势，人类进入了高风险社会，给政府社会管理带来前所未有的挑战，给人民生命与财产安全带来巨大的威胁。2003年SARS事件突然爆发，灾情迅速蔓延到全中国，乃至影响其他国家和地区，给中国政府管理带来严重考验。自此以后，掀起了中国应急管理新的篇章。这十多年来，各类突发事件时有爆发，如重庆开县井喷事件、山西系列矿难事故、汶川大地震、南方雨雪冰冻、南方洪水灾害、“7·23”动车事故、甲型流感、三鹿奶粉事件、瓮安事件、陇南事件、吉林长春德惠大火、青岛黄岛石油管道爆炸事件……这些事件的频繁发生，使政府应急工作面临许多新情况、新问题、新挑战，对应急管理工作相应提出了更高、更新的要求。如何提升政府应急管理水平和突发事件处置能力，保持社会稳定，促进社会和谐成为服务型政府建设的重要内容。

应急管理工作是关系国家经济社会发展全局和人民群众生命财产安全的大事，是全面落实科学发展观、构建社会主义和谐社会的重要举措，也是各级政府坚持“以人为本、执政为民”，全面履行政府职能的重要体现。因而在服务型政府建设中，应履行政府的社会管理和公共服务职能，完善政府应急管理机制，提高政府应急管理能力，促进社会和谐与稳定。当前，理应更为加强应急管理工作，加大“可预见性”政府建设[①]的力度，满足应急管理形势对民众提出的挑战和要求，提高政府防范和处置突发事件应急管理能力。为此，我们牢记中国古代“安而不忘危，治而不忘乱，存而不忘亡”的警句，加强突发事件风险管理，做实突发事件应急管理准备，提高突发事件应急管理快速反应能力，降低突发事件带来的负面影响，减少突发事件给民众财产和生命损失，促进和谐社会的建设。

一、公共安全面临的复杂态势

突发事件的频繁发生、层出不穷，反映中国当前正处在发

① 美国行政学家奥斯本和盖布勒提出了“有预见性的政府——预防而不是治疗”的治理范式，认为政府管理的目的是使用少量的钱预防，而不是花大量钱治疗。（[美]戴维·奥斯本、特德·盖布勒：《改革政府——企业家精神如何改革着公共部门》，周敦仁译，上海译文出版社 1996 年版，第 205 页。）

展的战略机遇期和敏感的挑战期，表明公共安全面临的态势越来越复杂。要深刻把握复杂态势，先从突发事件基本概念及其特点着手，研究未来突发事件发展的趋势。

（一）突发事件及其特点

1. 什么是突发事件

突发事件指突然发生、造成或者可能造成重大人员伤亡、财产损失、生态环境破坏和严重社会危害，危及公共安全的应急事件。根据事件的发生过程、性质和机理，突发事件分为自然灾害、事故灾难、公共卫生事件和社会安全事件四大类。这些突发事件会对人民的生命、财产安全，乃至整个国家、民族的生存、发展都产生重大威胁，所以需要政府和社会在短时间内迅速做出回应，积极采取有效措施，将突发事件造成的负面影响降低到最低限度，保障公共服务的顺利推行。

2. 突发事件的类型

根据《中华人民共和国突发事件应对法》和《国家突发公共事件总体应急预案》的规定，将我国突发事件分为自然灾害、事故灾难、公共卫生事件和社会安全事件。（见表 1-1）

3. 突发事件的基本特点

突发事件具有突发性、紧急性、易变性等特点，就特大城市而言，突发事件具有不同的特征和特色。特大城市在全国经济、社会发展中处于重要的战略地位，其人口、建筑、企业、商业、交通、资本等要素高度集中，一旦突发事件的发生，其产生的负面影响远远超过其他中小城市或农村地区，这

表 1-1 突发事件的主要类型

类型	示例
自然灾害	**旱涝灾害。**如1998年长江流域洪水灾害、2013年东北水灾。 **气象灾害。**如近几年来多次袭击东南沿海地区的台风及暴雨、2013年中国部分地区的高温天气、2008年雨雪冰冻灾害。 **地质灾害。**如2010年舟曲泥石流、2014年四川特大泥石流。 **地震灾害。**如2008年汶川地震、2013年雅安地震。 **海洋灾害。**如海洋大面积赤潮。
事故灾难	**工矿商贸企业的安全事故。**如2013年东北"三场"大火、青岛黄岛输油管道爆炸事件、2010年上海"11·15"特大火灾、2001年沪东造船厂塔吊事故及前几年的一系列煤矿事故。 **交通运输事故。**如2011年"7·23"甬温线动车事故、2012年陕西包茂高速公路事故。 **公共设施和设备事故。**如2012年城市系列电梯安全事故、2009年上海地铁碰擦事故。 **环境污染事故。**2005年吉林苯化工厂引起松花江污染事故。
公共卫生事件	**传染病疫情。**如2003年非典事件、2009年甲型流感事件 **群体性食物中毒事件。**近几年来学校、企业发生的食物中毒事件。 **动物疫情。**禽流感事件、动物口蹄疫情。 **食品药品安全事件。**2008年三鹿奶粉事件、2011年毒胶囊事件。 其他影响民众生命和健康安全事件。
社会安全事件	**群体性事件。**如2008年瓮安事件、陇南事件、石首事件。 **恐怖袭击事件。**如美国"9·11"事件、印度孟买事件、中国新疆地区发生的系列恐怖活动。 **极端恶性刑事案件。**如成都、厦门公交车纵火案、2010年校园伤害儿童案件。 **网络舆情危机事件。**如红十字会相关的郭美美事件、杨达才事件、躲猫猫事件。 **经济安全事件。**如美国金融危机、东南亚金融危机。 **涉外的危机事件。**如海外侨民撤离、驻外机构人员安全事件。

就决定了特大城市突发事件有其特殊性。

（1）突发事件发生的高频率性。中国从传统农村经济社会向现代城市社会转变，同时面临向知识社会转变的趋势，随之出现大规模人口流动和迁移，他们主要流动的方向就是大城市，尤其是像北京、上海、广州这样的大城市。大规模的人群流动必然会出现社会意识与社会文化多元化，新社会组织层出不穷、信息不对称情况加剧、传统的濡化机制削弱、外部异己意识形态竞争增强等现象，这些因素存在势必导致城市区域政府的管理难度加大，管理成本上升。在此背景下，任何一个小的事情处理不好都有可能出现大规模的突发事件。从社会公共安全事件来看，城市是重大刑事案件的重灾区，犯罪形式出现日益多元化、组织化、职业化和国际化趋势，尤其是社会治安案件呈高发事态，影响了城市的社会稳定与公共安全。从近几年数据来看城市中的群体性事件、大规模上访事件等社会安全事件呈上升态势；从自然灾害的层面来看，城市的自然灾害出现高频率、大规模发生状态。新发自然灾害种类不断增多。例如，地面下沉、水资源紧缺，高温热浪等。据统计，我国80%以上的城市受灾次数增多，时间延长，特别是暴雨、高温、干旱缺水、台风、沙尘、雷电等灾害加剧。[①] 无论从政治、社会还是自然层面进行分析，城市城区面临突发事件大都体现了的高频

① 沈荣华：《城市应急管理模式创新：中国面临的挑战、现状和选择》，载《学习论坛》，2006年第1期。

率、多发性的显著特点。

(2) 突发事件影响的深远性。特大城市由于其特有的地理位置和经济社会的影响，其突发事件的负面影响比其他地区产生的影响更加深远，如果处理不当，产生的负面效应会更大。发生在城市的公共安全事件一般呈放大效应的，本来是一个点的小事，但会迅速蔓延到整个面上，有时甚至是整个地区、整个国家乃至影响到全球。比如城市发生的公共卫生事件以及刑事案件、涉外案件、金融危机、社会动荡等社会安全事件往往会产生更广泛的社会及政治影响。

(3) 突发事件根源的复杂性。当前城市面临着气候环境变化、人口快速增加、过度城市化、经济全球化的多重影响，因而突发事件产生的根源是复杂的、多样性的。其中，有城市的地理环境影响产生的自然灾害类的突发事件，如洪水、地震、干旱、气象等自然灾害类的根源；有城市人口密集、生活环境参差不齐，市民的生活卫生习惯不同，而引起的突发公共卫生事件，如传染病、疫情等卫生事件容易爆发和蔓延；城市是人口流动和聚集的中心，社会矛盾容易激化，大规模的社会冲突、群体性突发事件容易产生。还由于城市处于经济社会改革发展的前沿，社会结构变动剧烈，贫富差距拉大，社会利益矛盾突出，引发的各种社会冲突明显，这些成了社会不稳定的因素。从以上分析可见，当前城市突发事件产生的根源非常复杂，对城市政府应急管理提出了很高的要求。因此在应急管理中，首先应明确突发事件产生的根源，采取有效的防范措施。

（4）突发事件处置的艰巨性。特大城市由于其自身要素关联性强、风险度高等方面的特点，很多突发事件的发生不是孤立的，而是背后系统运行出现了问题。很多突发事件本身就耦合在一起，往往形成事件的灾害链，对政府处置事件能力提出很高的要求，稍微不注意，引起连锁反应。如 2013 年黄浦江上漂浮的死猪事件，背后涉及江苏、浙江地区应急管理，跨农业、卫生、城市供水等行业，拓展到虚拟网络空间，引起公众广泛关注，使得该事件变得异常复杂，处置起来的难度很大，对政府的应急管理能力提出更高的要求。

延伸阅读[①]

上海城市公共安全形势

一是城市规模越大，现代化水平越高，诱发突发事件的因素越多。上海中心城区地下管线系统复杂，密度非常大。供水管道长约 1.2 万公里，排水管道约 6 300 公里，燃气管道长约 1.7 万公里，平均每平方公里的供水、排水和燃气管道长度为 54 公里。因此，上海发生“生命线工程”事故的几率比其他城市大得多。特别是近几年，一些非传统的安全风险比如破坏活动、恐怖活动等，主要是以大城市为目标，使得大城市面临的考验更为

① 《上海应急管理报告 2006—2012》，上海人民出版社 2013 年版，第 3—4 页。

严峻。

二是城市规模越大，现代化水平越高，预防和处置突发事件难度越大。以上海交通系统为例，如果发生大雾等灾害天气，不仅海港、空港、过江轮渡要关闭，而且高架道路、地面道路、越江通道都将受到影响。个别事故，如果预案不到位、处置不果断，容易演变成局部的、区域性的交通拥堵甚至导致交通瘫痪。又如，上海人口多、密度大、人员流动频繁，一旦发生流行性传染病，控制疫情传播的难度也非常大。

三是城市规模越大，现代化水平越高，突发事件可能造成的危害和损失也越大。目前，上海8层以上建筑超过1.2万幢，其中30层以上建筑超过计700幢；轨道交通屡创新高，2007年“十一”期间，客运总量超过1 650万人次，而截至目前，单日最高峰超过900万人次。高层建筑、轨道交通一旦发生火灾、恐怖袭击等突发事件，后果不堪设想，可能造成的人员伤亡、财产损失和潜在损害将无法预计。

（二）公共安全面临的态势

德国社会学家乌尔里希·贝克（Ulrich Beck）认为在后工业化的时代，人类正在步入一个“风险社会”。这样的风险更多地来自人类自身，是所谓“人造风险”或“文明的风险”，它是人类发展、特别是科技进步造成的。安东尼·吉登斯（Anthony Giddens）在《现代性的后果》一书中，描述了核风险、生态灾难、不可遏制的人口爆炸、经济全球化的崩溃和其他潜在的全球性灾难，为人们勾勒出了一幅令人不安的危险前景。[①]进入21世纪很多事件频繁发生验证了当前进入风险社会的理论，公共安全面临前所未有的挑战。

（1）自然灾害多发。进入21世纪以，由于我国特有的地质条件和地理环境，各类自然灾害频繁发生。自然灾害出现种类多，频率高、危机害严重的状况。世界上有的自然灾害中国应有尽有，如地震、水灾、旱灾、台风、沙尘暴、地质灾害等自然灾害事件给经济社会发展带来巨大的损失。灾害发生频率高，造成损失大，1990年至2008年十九年间，中国平均每年因各类自然灾害造成约3亿人（次）受灾，倒塌房屋300多万间，紧急转移安置人口900多万人次，直接经济损失2 000多亿元人民币。[②]其中2008年汶川地震、2010年舟曲泥石流、2012年雅安地震及其他各种气象灾害给城市和农村带来巨大的灾难。

（2）事故灾难频发。由于我国安全基础薄弱、安全文化和制度欠缺、安全生产责任落实不到位等多种原因，我国安全生产领域存在事故总量大、重特大事故多、潜在的危害严重等突出问题，使得生产安全运行方面的事故易发多发，整个国家的安全生产形势较为严峻。近几年来我们各类事故类事件呈高发态势，尽管矿难事故频率有所降低，但其他事故仍处于高

① Anthony Giddens, *The Consequences of Modernity*, California: Stanford University Press, 1990, p.125.

② 国务院新闻办公室:《中国的减灾行动》白皮书,2009年5月12日。

位状态运行。特大交通事故、特大的火灾事故、特别重大的企业安全生产事故等层出不穷。如2012年陕西境内包茂高速交通事故、2013年吉林德惠屠宰厂的大火、青岛黄岛输油管道爆炸事故、2010年上海“11·15”特大火灾等。中国生产亿元GDP死亡率大概是先进国家的10倍数；工矿商贸10万人事故死亡率是先进国家的2倍多；以煤矿、道路交通为例，2005年煤矿百万吨死亡率为2.81，约是世界先进采煤国家美国的70倍、波兰的10倍、南非的17倍、俄罗斯和印度的7倍；道路交通万车死亡率7.60，约是发达国家的5倍。①

（3）公共卫生事件高发。自从2003年SARS事件以后，我国各类影响生命健康和社会安全的公共卫生事件呈高发态势。其主要表现在重大传染病疫情时有发生，尤其突出的是大面积流感爆发多次，如甲型H1N1、甲型H7N9及禽流感的爆发。2009年率先在墨西哥、美国等地暴发甲型流感病毒疫情，迅速蔓延到中国，给中国公共卫生带来巨大挑战。2013年甲型H7N9在华东地区暴发，给公众和社会安全带来巨大考验和挑战。其次，还有食品药品的危机事件影响公众生命健康的安全。如2008年的三鹿奶粉事件，造成全国大量婴幼儿身体出现不同程度伤害，最后影响了整个国家的奶制品行业，成了食品行业的灾难，造成无法挽回的损失。假冒伪劣的药品也给公众带来巨大伤害。

---

① 国家安全生产监督管理总局:《“十一五”安全生产科技发展规划》,2006年。

(4) 社会安全事件易发。改革开放以来，我国经过了三十多年的快速发展，经济社会的各方面取得了显著成绩，但同时也积累了不少矛盾。诸如征地矛盾、拆迁纠纷、企业改制、医患纠纷、劳资纠纷、污染纠纷、执法纠纷、历史遗留问题等成为当前大多数社会安全事件的导火索，极易转化成社会群体性冲突和事件，成为各级政府难以回避的现实。同时，国内外极端势力制造的各种恐怖事件危及国家的安全、社会的稳定，成为新时期社会安全面临的现实挑战。如新疆等地的打砸抢烧等暴力犯罪事件及暴力恐怖活动频繁发生，严重影响社会的安定，给部分地区经济社会发展带来巨大的威胁。此外，国际经济和金融领域的安全事件给我国经济社会发展带来的负面影响显而易见。

(三) 突发事件发展的趋势

(1) 非常规安全事件成为新挑战。现代社会是一个复杂的巨型系统，越来越多的风险和突发事件表现出系统性、蠕变性、复合性、后果严重等“非常规”的特征。[①]未来经济社会发展中，突发事件形成机理不确定、演变过程非常规，产生后果也是非常严重，这类突发事件用常规的管理方式和方法难以有效防范和应对。这也是摆在各国政府面前的新挑战。

(2) 城镇化进程中的新风险凸显。改革开放以来，中国以年均增加 18 个城市和 1.4%城镇人口的速度在发展。城镇

① 安东尼·吉登斯：《失控的世界：全球化如何重塑我们的生活》，周红云译，江西人民出版社 2001 年版，第 143 页。

人口6.56亿，城镇化率49.68%，百万人口以上大城市118座。城市化和城镇化是历史发展的必然趋势，但是也带来了新的风险。[①]快速发展的城市化过程中，城市新风险日益突出。如城市交通、高楼建筑、地下空间、环境污染、自然灾害呈多样性、复杂性、连锁性等新特点，对各级政府应急管理工作提出新的挑战。

(3) 互联网技术与信息化带来新问题。随着互联网技术的高速发展，信息化步伐加快，突发事件的起因、发展、升级等环节都离不开网络的影响，为突发事件的发生发展放大提供了放大器，给应急管理工作带来新问题。有统计分析显示，几乎所有突发事件都与网络有关。其中，20%直接由网络报道而引爆网络舆论界；另外80%一般由传统媒体报道，后经网络媒体转发引起网民关注，成为网络热点，形成网络舆情。[②]所以现在的突发事件往往存在两个空间里，一个是现实空间的突发事件，另一个是虚拟空间的危机事件，这就要求应急管理者重新认识新时期的突发事件。

(4) 突发事件之间关联度增强。由于自然系统和社会系统脆弱性凸显，突发事件产生的根源越来越复杂，未来的突发事件形态决不是孤立地存在，各类突发事件之间关联度愈来愈强，互相影响、互相转化，往往导致次生灾害、衍生灾害时有发生，形成各种耦合性的综合性突发事件。一个小的

① 闪淳昌等：《应急管理概论——理论与实践》，高等教育出版社2012年版，第17页。
② 时国珍等：《突发事件网上演变规律与舆论引导》，载《中国记者》，2010年第5期，第39—40页。

隐患经过多种因素的酝酿，时常会演变成特别重大的危机事件。

（5）突发事件国际化程度加深。随着全球化步伐加快，国际经济社会也呈现一体化的趋势，国与国之间的交往和联系不断加强，各类突发事件相互影响也会超越国界成为各国共同面对的新课题。尤其是巨大的自然灾害、公共卫生、社会安全等事件常常出现无国界的趋势，这就需要多个国家加强合作共同应对，才能做顺势而为、取得良好的效果。

二、应急管理的基本议题

针对日益频繁的突发事件，必须加强事件的全过程管理，实行常态管理和非常态管理并重、平时和应急结合，实现应急管理工作的常态化。为此，从应急管理基本的概念着手梳理应急管理的各个环节，为应急管理工作优化提供指导。

（一）应急管理相关的基本概念

为了便于对应急管理概念体系整体的认识，有必要对与应急管理相关的基本概念作一辨析，下面对与应急管理概念有关“风险”、“风险管理”、“危机”、“危机管理”、“突发事件”与“应急管理”作一梳理与辨析。

（1）风险。这一概念最早来源于经济领域。1895 年美国学者海恩斯（Hayens）在《作为经济因素的风险》（Risk as an

Economic Factor)中提出了风险的概念，风险主要是指潜在的损害或损失的机会或可能性。[①]澳大利亚/新西兰关于风险管理的国家标准中认为，风险是事情发生的可能性及其可能产生的影响。联合国报告将风险定义为由自然或人为因素相互作用而导致的有害后果的可能性或预期损失。[②]根据美国化学工程师学会(Icheme)的定义，风险是某一事件在一个特定的时段或环境中产生我们所不希望的后果的可能性，即不幸事件发生的概率。风险不仅意味着灾害、事故等不幸事件的存在，而且特别强调其发生的可能性。总之，风险就是未来可能导致突发事件发生的可能性因素。

(2) 突发事件。这是我国约定俗成的名词，不是外来词。“突发”，《现代汉语词典》界定为“意外地突然发生”。“事件”，《辞海》解释为：历史上或社会上所发生的大事。突发事件是人们尚未认识到的在某种必然因素支配下瞬间产生的、给人们和社会造成严重危害、损失且需要立即处理的破坏性事件。[③]总之，突发事件是突然发生的，造成一定危害的需要政府立即反应的破坏性事件。

(3) 危机。关于危机的定义也是多种多样。罗森塔尔(Rosentalal)认为，危机是一种对社会系统的基本结构和核心价值规范所造成的严重威胁，在这种状态下，由于高度的不确

① 景怀斌:《公共危机心理——SARS个案》,社会科学文献出版社2006年版,第3页。

② 北京市应急办:《北京应急管理理论与实践》,北京出版社2012年版,第181页。

③ 朱力:《突发事件的概念、要素与类型》,载《南京社会科学》,2007年第11期。

定性和时间压力，需要做出关键性的决策。[①]危机一般是指非常规类突发事件，对社会安全秩序及其他价值可能会造成特别重大或特别严重的威胁，具有高度的不确定性事件需要非常规性决策才能解决的事件。某种意义上来说，比一般突发事件严重程度更难预测、更难处理，对政府的应对提出要求更高。在学术界，也有将“危机事件”与“突发事件”同等使用的现象，突发事件即危机事件。

（4）风险管理。即通过风险识别、风险分析、风险评估、风险决策理等环节和方式，对风险实施有效控制和妥善处理损失，是典型的应急管理“关口前移”之环节。风险管理的对象是“风险”主要是对不确定性和可能性进行管理的。风险管理的最重要功能是“超前预防”。即在风险事故发生前防患于未然，预见将来可能发生的损失，或者在风险事故发生后，采取一些消除事故隐患和减少损失的措施，避免损失扩大化。所以，有学者说，风险管理工作的终点就是应急管理工作的起点。

（5）应急管理。即对突发事件进行的事前、事发、事中、事后的全过程管理，包括预防与准备、监测与预警、处置与救援、恢复与重建等多个环节。应急管理的目标是预防和减小突发事件发生所造成的损失，紧急动员各种资源，尽快恢复社会的正常秩序。

---

① Uriel Rosenthal, Michael T.Charles, Paul T. Hart eds., *Coping with Crises*: *The Management of Disaster*, *Riot*, *and Terrorism*, Springfield: Charles C. Thomas, 1989, p.10.

（6）危机管理。即对非常规性突发事件管理。对于常规性的突发事件，应急工作可以根据以往经验，利用常规化的管理和程序性决策将突发事件有效地解决。而对于非常规性突发事件而言，不确定性大、影响大，事件更为复杂，这就需要非常规决策，这正是危机管理的重点。[①]关于风险管理、应急管理及危机管理的关系可以见图 1-1。

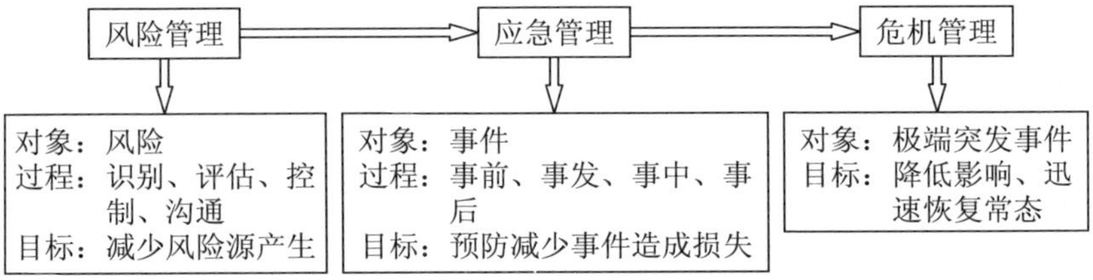

图 1-1 风险管理、应急管理及危机管理的关系

总之，比较以上几组概念以后，我们清晰地认识到突发事件应急管理工作其实一个相对包容性的概念，既可能包括事前风险管理的主动工作，也包括极端危机事件的被动式应急工作。

（二）应急管理的基本理念

1. 以人为本，生命第一

科学发展观的核心是以人为本。即要以实现人的全面发展为目标，从人民群众的根本利益出发谋发展、促发展，不断满足人民群众日益增长的物质文化需要，切实保障人民群众的经济、政治和文化权益。应急管理工作的逻辑起点是保障人

① 周玲、朱琴等：《公共部门与风险治理》，北京大学出版社 2012 年版，第 28 页。

的生命和财产安全，保障人民的合法权益，将人生命健康放在第一位，这就要求在突发事件防范、处置和善后工作中，把人民的生命与财产安全放在第一位，把保护人民的利益作为应急管理工作的最高价值取向。以人为本的价值准则也是衡量应急管理工作成败的重要标准。各国在开展应急管理工作的过程中，把确保民众身体健康和生命安全作为首要目标，以人为本，应更加尊重生命、善待生命、关怀生命、敬畏生命。在经济社会发展规划和城乡建设管理中，更加注重人性化，更加关注安全保障。①

2. 预防为主、关口前移

古人曰："预则立、不预则废，防患于未然"。应急管理的最高境界就是"无急可应"。在应急管理过程中，以预防为主，关口前移，将突发事件的风险和隐患消除在萌芽状态。这就要求寓应急管理的准备和防范工作于政府常态工作中，把防止突发事件的发生作为应急管理工作的落脚点。针对性地预防，就像打预防针免疫一样。平时花很低的成本可以避免重大事件的发生，降低经济社会运行的经济成本、社会成本和政治成本，也是政府公信力提升的重要路径。各国坚持"使用少量的钱预防，而不是花大量的钱治疗"的理念，通过提高全社会的安全意识，开展城乡安全规划和风险评估，建立应急资源储备和经费保障制度，编制应急预案并进行演练等手段，

---

① 钟开斌：《现代应急管理的十大基本理念》，载《学习时报》，2012 年 12 月 17 日。

经常性地做好应对突发事件的各项准备。[1]应急管理工作不仅是应急工作，其实工作重心应在于平时、在于常态管理，它是一个系统过程，如果忽视常态的日常工作，应急管理将成为无源之水、无本之木。

3. 专业指挥，统一调度

在突发事件应对中，专业指挥，快速反应，统一调度资源，尽可能减少突发事件造成的次生灾害和衍生灾害是突发事件处置追求的目标。因而在发达国家事件处置中，指挥特别强调岗位职责，而不在于指挥人员的职务高低，特别重视指挥的专业性。按照“综合协调、专业处置、属地为主、高度授权”的原则，科学界定宏观战略决策、中观战役指挥、微观战术行动三个层次之间的关系，坚持岗位权力大于级别权力，高层官员在现场“到位不越位”，“帮忙不添乱”。根据“谁先到达谁先指挥，依法逐步移交指挥权”的原则，建立专业化的指挥团队和动态灵活的现场指挥机制，强化突发事件现场指挥官制度，规范现场指挥权的交接方式和程序，确保应急指挥科学有序进行。[2]这种机制确保指挥的专业性和科学性，有利于突发事件事态快速控制，尽快消除事件的不利影响。

4. 综合协调、资源整合

当前突发事件日益复杂，其影响往往是跨部门、跨地区、跨行业，甚至是跨国家，仅靠一个部门、一个地区、一个行业

---

①② 钟开斌:《现代应急管理的十大基本理念》,载《学习时报》,2012 年 12 月 17 日。

来应对突发事件难以奏效，这就需要建立地区之间、部门之间、条块之间、军地之间的密切合作机制，建构跨部门的综合性应急平台，完善指挥协调和情报信息共享机制，建设应急资源综合信息动态管理和共享管理体系，实现跨部门、跨地区、跨行业合作与联动，形成有效应对突发事件的合力。同时，发挥政府、社会、市场等多元主体的功能，承担其应有的责任。当前，很多事件处置不应有政府“大包大揽”、“单打独斗”，企事业单位、社会组织、公众等都是应急管理的重要主体，应广泛动员社会力量参与事件应对，为政府应对事件提供资源保障。这也符合突发事件应对是整合资源的过程基本要求，为政府应急管理工作创造良好的政治生态。

5. 公开透明、强化沟通

在突发事件应对中，沟通包括两个方面。一是加强政府内部信息沟通。信息是一种重要资源，谁掌握了信息资源，谁就掌握了主动权。突发事件应对不是单个部门、地区能独立承担的，这就需要加强纵向、横向部门、地区之间的信息沟通，确保各部门、主体之间资源快速整合，有利高效控制突发事件的事态；二是加强与媒体、公众的沟通。随着传统媒体转型和网络新媒体突飞猛进，公众对信息知情权的意识增强，舆情环境发生了巨大变化，突发事件一旦发生就难以掩盖和遮掩，这就要求政府能在第一时间发出权威准确的信息，掌握信息沟通的主动权，最大限度地压缩谣言传播的空间，并及时进行有效的危机沟通和公关，塑造良好的政府形象，满足公众对信息的知情权。

6. 依法应对、职责明确

新时期将突发事件应对纳入法治化轨道，是依法治国的具体表现。一方面能明确各种主体在应急管理中的权力和责任，提高应急管理工作的权威性和规范性。因而，很多国家和地区在应急管理中首先制定相关法律，统一规定政府的应急管理权责，确定依法应对突发事件的基本原则；另一方面，通过制定法律减少权力被政府滥用和侵犯公民权利的情况，明确公众和社会主体在应急管理中的责任和权利，通过法制手段保障公众的合法权益。

7. 科技支撑、科学应对

提高应急管理工作科技含量，促进应急管理工作信息化是当前世界应急管理发展的趋势。无论在应急管理准备与防范、处置与救援及善后工作优化中，科技的支撑始终是应急管理工作科学化保障。如日本是个多地震的国家，它们防范地震灾害过程中非常重视预测和防范的科技的研发，经过多年努力逐步提高地震科学技术水平，在防御自然灾害开发了先进的地震快报预警、海啸监测预警体系，使得数百万民众在2011年强烈地震横波到来前若干秒、海啸到来前若干分钟得到预警信息，为自救逃生和避难提供了机会。

（三）应急管理的基本流程

当前一些专家和学者根据突发事件处置的性质，将突发事件应急管理按照前后顺序分为：监测预警阶段、预防控制阶段、应急处置阶段和评估恢复阶段。①在这四个分阶段的基础上，可将应急管理工作分为四个环节，即突发事件识别与评估、突发事件防范、突发事件处置及突发事件控制与恢复，这四个环节整合在一起构成了应急管理的基本框架(可概括为“测、报、防、抗、救、援”六字应急管理基本环节)。

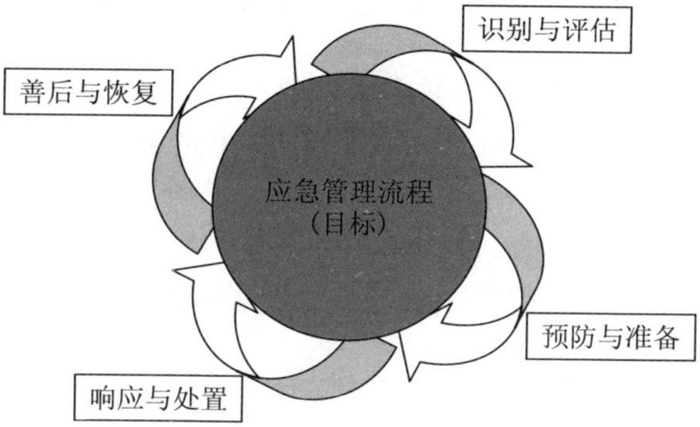

图 1-2　城市突发事件应急管理框架示意图

1. 突发事件识别与评估

对政府处理突发事件来说，早发现、早报告、早控制是政府能否成功防范和处置突发事件的关键和前提。因此，政府应在危机来临之前尽早地发现危机的征兆，建立一套能够预测危机来临的信号和指标体系，这一系统能够判断这些信号与危机之间关系。通过预警系统对信号和指标体系进行科学分析，对危机风险源、危机征兆进行不断监测，判断危机发生的速度、规模、损害程度以及发展趋势，及时地向组织或个人发

① 李经中：《政府危机管理》，中国城市出版社 2003 年版，第 81—124 页。

出警报，提醒组织或个人对危机采取相应的应急行动。[1]同时在识别的基础上，根据科学的数据和指标体系对监测获得的信息和材料进行评估，预测突发事件发生的概率，为政府的预警系统提供参考，为政府应急管理系统防范突发事件提供依据。

2. 突发事件防范与准备

在突发事件的防范中，主要是进行“一案三制”建设。“一案”是指加强突发事件应急预案体系建设和管理。可以根据《国家总体应急预案》，抓紧编制修订本地区、本行业和领域的各类预案，并加强对预案编制工作的领导和督促检查。根据实际情况制订和完善本单位预案，明确各类突发事件的防范措施和处置程序。并且要注重预案落实工作，经常性地开展预案演练，特别是涉及多个地区和部门的预案，要通过开展联合演练等方式，促进各单位的协调配合和职责落实。三制即体制、机制和法制建设。在“一案三制”的基础上，加大队伍建设的力度，提高公共危机管理者的专业化水平，加大物质储备力度，增强应急物资保障。最后，在突发事件防范阶段，加大危机宣传的力度，增强危机意识。当前主要是通过宣传相关的危机管理知识和模拟危机情景反复演练，以不断完善危机预警与监控系统，逐渐培养和增强公众的危机意识和自救能力。

总之，突发事件的应急管理重在“防范”，坚持预防第一的原则。防范能够减少处理突发事件的成本，提高政府公共

---

① 许文惠、张成福:《危机状态下的政府管理》,中国人民大学出版社 1998 年版,第 165 页。

管理的效率，有效实现政府的社会管理职能，保障社会稳定和谐地发展。

3. 突发事件响应与处置

在突发事件处置的环节上，政府应快捷、准确、有效、及时控制危机，防止危机事件进一步扩大。因此，政府应建立突发事件控制平台，实施高效快速的反应，提高政府快速处置突发事件的能力。危机控制平台是政府危机管理体制的指挥系统，体现为控制危机局面，遏制事态恶化，指挥抢险救灾，协调物资保障和保证正常秩序的领导决策和技术保障体系。① 政府有了这样一个平台，有利于政府采用科学的处置方法，提高处置的效率和水平。在这一阶段，要求领导干部争取第一时间发出预警信号，并迅速采取果断有力的处置预案，下达各项应急处理指令，协调有关部门之间的行动，以防危机事件进一步恶化。同时，要求领导根据事态提出解决问题的办法，作出风险性应急决策，并果断加以控制，最大限度地减少损失，按照一定的步骤和程序，采取有效措施处置突发事件，减少危机事件对社会造成的危害。②突发事件应急处置的目标就是迅速控制危机事件，降低突发事件的危害，减少突发事件给民众的生命和财产的损失，快速恢复常态下管理，维护社会稳定、经济发展和人民生活秩序。

---

① 罗永朝:《从 SARS 事件看政府危机管理的应对措施》,载《编制管理研究》,2003 年第 2 期。

② 吴春华、温志强:《政府公共危机处置的阶段划分与管理对策》,载《北京行政学院学报》,2005 年第 1 期。

4. 突发事件善后与恢复

善后与恢复阶段是在公共危机被处置以后而进行的善后处理阶段，在该阶段的主要任务是物质重建，心理恢复、政府形象的恢复等建设。突发事件爆发以后，政府应动员一切社会资源，有计划、有步骤地推进物质恢复重建工作，合理地配置危机事件后重建资源；其次，对民众进行心理的安抚，使组织和个人尽早地从危机事件的阴影中走出来，进入正常的生活状态，消除社会中人们心理的恐慌现象，提高民众生产自救的能力；最后，恢复政府的形象。政府在处理突发事件中，同时也存在形象受损的可能性。如果城市政府能顺利地动员一切可利用的资源，迅速解决突发事件给百姓和社会带来的灾难，树立政府的良好形象。这对政府来说，也是一次良好的政府公关活动。

延伸阅读

突发事件的阶段及其任务[①]

分期	发生阶段	主要任务	机制设置	内容
酝酿期	事前	预防与准备	防范事件的发生	应急预案体系；城乡规划符合预防与应急管理的需要；预防并防范潜在的隐患；完善应急培训、演练、教育体系；确保应急的人员、物资、经费保障；建立巨灾风险保险体系；人才培养与科学开发等

① 闪淳昌、薛澜主编：《应急管理概论》，高等教育出版社 2012 年版，第 37 页。

续表

分期	发生阶段	主要任务	机制设置	内　　容
爆发期	事发	监测与预警	及时控制事件并防止蔓延	突发事件信息系统；突发事件信息收集、报告、评估制度；监测制度；预警制度；社会安全事件信息报告制度等
缓解期	事中	应急处置与救援	最大限度地降低事件带来的损失	应急处置机制；各类事件应急处置措施；应急协作机制；信息发布；禁止编造、传播虚假信息；群众性基层自治组织应急职责；有关单位的应急职责；公民应当履行的义务等
善后期	事后	事后恢复与重建	尽快恢复正常秩序并从灾难中学习	损失评估和组织恢复重建；支援恢复重建；善后工作；调查、应急处置工作总结等。

（四）应急管理的基本框架

我国应急管理工作经过十多年的发展，形成了以“一案三制”为基础的基本框架。一案是指应急预案；三制主要是指体制、机制和法制。应急预案、应急管理体制、机制和法制四个核心要素之间相互作用、互为补充，共同构成了一个复杂的系统，总的来看，体制是基础，机制是关键，法制是保障、预案是前提。①

“一案”，即应急预案。应急预案即预先制定的紧急行动方案，是指根据国家和地方的法律、法规和各项规章制度，综

① 钟开斌：《“一案三制：中国应急管理体系建设的基本框架”》，载《南京社会科学》，2009年第11期。

合本部门、本单位的历史经验、实践积累和当地特殊的地域、政治、民族、民俗等实际情况，针对各种突发事件制订的一套能切实、迅速、有效、有序解决突发事件的行动计划或方案，从而使政府应急管理工作更为程序化、制度化，做到有法可依、有据可查。[①]预案一般规定了事前、事发、事中、事后各个环节中，谁来做、怎么做、何时做、用什么资源做等策略方面的问题。预案是应急管理行动过程中的地图，对应急管理行为具有较强的指导意义。

体制：体制主要指国家机关、企业和事业单位机构设置和管理权限的划分、职责的规定等方面的制度，是一种组织形式的静态表现。应急管理体制主要指国家机关、部队、企事业单位、社会团体等应急管理中利益相关方在突发事件防范、处置和善后等过程中在机构设置、权力划分、职能配置等方面的体系、制度、规范、方法、形式等总称。应急管理体制是一个由横向机构和纵向机构、政府组织与社会组织相结合的复杂系统，包括应急管理的领导指挥机构、专项应急指挥机构、日常办事机构能及专家智囊机构等不同的组织层次。[②]根据《突发事件应对法》《突发公共事件总体预案》规定，我国应急管理体制是“统一领导、综合协调、分类管理、分级负责、属地管理为主”的运行体制。

机制：即应急管理机制，指在突发事件应急管理过程中，

---

①② 钟开斌:《中外政府应急管理比较研究》,国家行政学院出版社 2012 年版,第 6 页。

应急管理体制运行的一些程序化、规范化和制度化的方法和策略。从内涵看，应急管理机制是一组以相关法律、规则和部门规章等为基础的应急管理工作流程。从外在形式看，应急管理机制体现了政府应急管理的各项具体职能。①我国应急管理机制具有“统一指挥、反应灵敏、协调有序、运转高效”的特点，具体包括突发事件预防与准备、监测与预警、处置与救援、恢复与重建等方面的运行机制。

法制：即应急法制，指应急管理相关的法律、法规和规章。即在突发事件引起的公共紧急情况下处理国家权力之间、国家权力与公民权利之间、公民权利之间各种社会关系的法律规范和原则的总和，其核心各主干是宪法中的紧急条款以及统一的突发事件应对法或紧急状态法。②应急法制是突发事件应对过程中的法律依据，规范公共权力的行为，保障公民的合法权益，做到事件应急管理过程中平衡公共利益和私人权益之间关系，实现应急管理工作的法制化。

三、境外应急管理镜鉴

境外应急管理伴随着政府公共管理能力建设不断提高，已

① 钟开斌：《中外政府应急管理比较研究》，国家行政学院出版社 2012 年版，第 7 页。

② 薛澜、张强、钟开斌：《危机管理——转型期中国面临的挑战》，清华大学出版社 2003 年版，第 157—158 页。

具有很长的历史，在很多方面积累了丰富的经验值得我们借鉴。根据应急管理“一案三制”的基本框架，对境外政府的应急管理的体制、机制、法制及预案方面进行梳理，借鉴一些对我们应急管理工作经验和做法。

(一) 应急管理体制建设的经验

1. 建立符合本国国情、政情和社情的应急管理体制

各个国家应急管理体制没有统一的模式，基本上都是围绕着本国的常见突发事件防范与应对而设计的。例如日本应急管理体制主要从应对地震、洪涝等自然灾害而建立起来，具有本国的特色和特点。美国已基本建立起一个由联邦、州、县、市四级政府以及社区等基层单位共同构成的职责明确、协调配合畅通的应急管理组织体系。[①]美国应急管理体制的变化反映了美国应急管理职能的转变，本来更多是应对自然灾害，逐步转变成反恐工作。所以，应急管理体制的设计离不开本国的政治体制、政治文化和公众的素养等诸多方面因素。

2. 设立了具有权威性的综合机构

随着突发事件种类多样化、负面影响的跨区域化，突发事件本身性质日益复杂，单一的管理部门难以承担复合性的突发事件的应对。在国际上政府应急管理体制中以综合型的管理部门为主流，建立起高度权威性机构，有利于协调各部门的人

① 钟开斌:《中外政府应急管理比较研究》,国家行政学院出版社 2012 年版,第 111 页。

力、财力等资源、打破部门之间的利益隔离，针对突发事件作出快速反应。2003年3月，美国吸取“9·11”事件的教训，为了打破各部门之间信息壁垒，实现资源共享，成立了国土安全部(Department of Homeland Security，DHS)，将FEMA(美国联邦应急管理署)与美国其他的22个联邦局、项目和办公室并在一起，从应对自然灾害转到人为事故，尤其是反对恐怖主义等各种类型突发事件。FEMA从一个独立的联邦机构变成国家安全部下设的一个机构。美国国土安全部是典型的综合性的权威管理机构。俄罗斯成立紧急情况部，属于联邦执行权力机构，是与国防部、内务部、联邦安全局和对外情报局齐名的五大强力部门之一，是俄罗斯处理突发事件的核心组织。中共十八届三中全会决定成立国家安全委员会，在某种程度上来说，属于一种综合性权威的公共安全管理机构，具有综合协调型机构的特点，统一领导协调对内、对外安全部门共同应对各类突发事件。

3.建立分级管理、属地为主的管理模式

纵观发达国家应急管理体制，其组织体系分两个层面：即国家层面的组织结构体系与地方政府层面的组织结构体系，基本上实行的是分级管理、属地为主的应急管理模式。如德国，它是一个联邦制国家，实行明显的联邦与地方分权治理。联邦层面由内政部下属的联邦民事保护与灾难救助局、联邦救援署统筹协调全国的应急管理工作，地方以州为主，实行属地管理，职责明确的应急管理体系。地方各州的应急救援由州内政部统筹负责，主要力量有消防队、警察局等相关部门以及红十字会等救援组织。德国16个州都设有消防中心、技术救援协会和事故医院等应急救援机构，并领导下设的分支机构。①从国外应急管理体制发展的趋势来看，应急管理中心下移，属地为主，权责统一，充分发挥地方主体作用和功能，调动地方政府的积极性。

4. 发挥统一协调的功能

尽管各国的应急管理体制差异性很大，但这些体制共性就是基本都实现了统一领导，综合协调功能，提供统一的信息和指挥平台，整合各种力量，快速反应，提高突发事件应对的效率。2004年3月1日，美国国土安全部推出了《全国突发事件管理系统》（National Incident Management System）。按照美国土安全部长汤姆·里奇的说法，该文件“提供了一个全国统一的模板，使联邦、州、地方和部落政府以及私人企业和非政府组织一起工作，对国内发生的突发事件，包括灾难性恐怖主义活动，实施快速、高效的准备、预防、应对和恢复工作”。②

（二）应急管理机制建设的经验

发达国家应急管理运行机制包括一系列环节工作机制，体现在事前、事发、事中、事后等各个阶段。下面撷取部分有特色的运行机制作为借鉴。

---

① 高虹：《学习考察德国紧急救援应急管理体系》，载《医学与哲学》，2005年第7期。

② Tom Ridge, Development of Homeland Security, National Incident Management System, 2004.

1. 预防与应急准备：关口前移，预防为主

（1）普遍重视应急教育和培训。日本各级政府是世界上在应急管理教育培训领域是出了名的国家。日本政府把每年9月1日定为国民“防灾日”，在每年这一天，都要举行包括日本首相和各有关大臣在内的防灾演习，通过全民的防灾训练，提高了全民的防灾意识和防灾能力。美国运用现代化手段普及应急管理知识和教育。通过联邦应急管理署的网站（www.fema.gov）公众可以了解各类突发事件的基本情况下以及如何预防突发事件、申请灾害援助等各方面的信息。

（2）做实基层社区应急准备。应急管理的中心在基层和社区，国外发达国家非常注重基层社区应急管理准备体系建设。美国联邦政府曾在布什总统的倡导提议下，启动“市民梯队”计划，其目标是充分利用美国公民的志愿精神，使美国市民、邻里和社区与政府一起共同应对犯罪、灾害和恐怖袭击的威胁。纽约市在危机管理办公室的协调之下，设有市民梯度委员会，开展社区危机反应团队（以邻里和社区为基础的志愿者队伍）、医疗预备队（由医疗卫生和健康服务界的志愿者队伍）、街区守护者（志愿参加街区守护的社区居民，充当警察局的耳目）、辅助警察（由自愿协助当地治安部门工作的志愿者组成）等20多个子项目。[①]日本也是非常重视基

① 郭济主编：《中央和大城市政府应急机制建设》，中国人民大学出版社2005年6月，第214页。

层社区应急准备工作。东京都则根据都民“自己的城市和社区自己保护”、“自己的生命自己保护”的原则，特别强调市民自主防灾组织的建设，成立大量的市民自主防灾组织，都政府为这些组织配备必要的器材、场所和其他设施，给予积极支持。①

（3）建立了完善的风险评估体系。古人说“预则立、不预则废”。发达国家对突发事件发生前的风险分析和排查非常重视，建立完整的风险评估体系，将风险管理纳入应急准备的全过程中，提高政府的防范事件的能力。德国联邦民事保护与灾难求助局（BBK）组织各领域专家，共同组成了一个跨部门、跨州的多学科防御网络，开展系统性风险评估工作。同时，（BBK）还得到德国各相关部门的支持和配合，如德国流行病权威发布机构罗伯特·科赫研究所、波茨坦地质研究中心、德国气象服务局、联邦血清与疫苗管理局、联邦刑侦局、联邦信息技术安全局、联邦技术救援署（THW）、联邦国防军等。②在组织体系建立基础上，制定《德国危害手册》《全德风险统计册》对可能存在的综合风险因素进行分析评估，在分析风险的基础上指导地方和部门风险防范工作。德国这些年来建立一套完整综合风险评估体系，大大推进全德范围内的突发事件风险管理工作。

---

① 郭济主编：《中央和大城市政府应急机制建设》，中国人民大学出版社2005年6月，第214页。

② 高虹：《学习考察德国紧急救援应急管理体系》，载《医学与哲学》，2005年第7期。

2. 监测与预警：早发现、早解决

(1) 完善的信息监测系统。美国“9·11”事件以后，各国政府都非常重视信息监测系统的建设，提高各级政府的信息监测能力，掌握风险隐患管理的主动权。澳大利亚各级政府运用危险源探测与精确定位、动态预测和快速预警等技术，完善全方位、全天候的社会预警体系，监控全国范围内的重大危险源、重要保护目标的实时信息，及时识别突发事件征兆，并根据事态进展及时发布预警信息，使政府能够及时做好预防和处置工作。[①]美国在强大的信息系统(国家应急管理信息系统、联邦政府应急管理信息系统、计算机辅助应急执行管理系统)基础上建立起危险源监测体系，充分利用预测和监测的数据，进行科学合理的分析，及时掌握危及美国安全的各类风险源并作好危险警示信息的发布。

(2) 健全的预警工作体系。讲到国外的预警工作体系建设的经验，最有特色的、最有效的国家应该是日本。日本的预警工作尤其是在地震灾害预警方面更胜一筹，建立了一套比较完整的灾害预警系统。预警发布的方式，包括传统的和现代的手段，有电视、广播、室外扩音器和现代化的无线装置、网络及新媒体，形成了覆盖全国的预警信息发布网络，提高预警信息发布的能力。如2011年“3·11”地震中，很多地区的日本民众在震前10秒钟就通过地震预警系统获悉地震即将

---

① 顾林生、刘静坤：《澳大利亚城市灾害管理的新思维——基于“9·11”事件的经验》，载《城市与减灾》，2004年第4期。

发生的信息，迅速采取自救行动，减少的灾害造成的损失。俄罗斯在全国范围内建立了一张预防、控制恐怖活动与消除恐怖活动影响的三级反恐预警网络，为俄罗斯全面打击恐怖分子、有效遏制恐怖活动发生以及消除恐怖活动带来的后果提供了保障。[①]

3. 处置与救援:快速与高效

（1）突出共享的信息报送机制。美国国土安全部建立了强大的实时信息沟通网络和信息报告机制，规范信息报告工作流程以及相关的标准和制度，明确政府相关部门的职能部门以及与其他部门进行合作的事项，从而在突发事件发生后的第一时间为主管部门提供客观、准确、全面的信息。[②]综观西方发达国家的信息报送系统建设情况，两个特点比较显著：一是重视信息报送系统的技术含量；二是强调信息共享机制建设，畅通信息传送的路径，保证发挥信息在突发事件处置中的功能和作用。日本基本建立了机构比较完整、功能比较完善的防灾通信网络体系。在应急过程实现互联互通的防灾相互通信无线网等。[③]

（2）强调标准化的指挥决策机制。在国外，应急决策与指挥机制建设非常强调标准化和规范化，强调决策与指挥的科学性。根据《国家应急框架》（NRF）要求，美国的应急指挥

① 钟开斌:《中外政府应急管理比较研究》,国家行政学院出版社 2012 年版,第 111 页。

② 钟开斌:《中外政府应急管理比较研究》,国家行政学院出版社 2012 年版,第 208 页。

③ 姚国章:《日本市町村防灾无线网络的建设与启示》,载《北京邮电大学学报(社会科学版)》,2008 年第 5 期。

和决策处置遵循以下五个基本原则：一是事先确定伙伴合作关系；二是分级响应；三是可拓展、富有弹性、适应性强的操作能力；四是通过统一指挥发挥整体合力作用；五是随时准备行动。为实现上述目标，美国建立国家突发事件管理系统（National Incident Management System，NIMS），规定应急指挥控制的标准化操作程序，为应急处置工作提供标准化的框架。[①]美国的指挥体系是一套标准化的程序，具有较强的操作性。日本也是在明确各应急职能部门基础上，细化了在灾害发生时中央层面快速决策的阶段、程序和原则，这对重大灾害事件决策具有重要指导作用。

（3）突出志愿者参与的社会动员机制。在国外应急管理过程中，特别关注非政府组织力量的动员，特别发挥红十字会、红新月会等非政府慈善组织的功能。2008 年 1 月颁布的《国家应急框架》（NRF）把美国红十字会与全国灾难志愿行动组织正式指定支援国家应急响应功能的力量。日本在地震处置中广泛动员社会力量，形成了具有日本特色的社会动员模式。《东京都震灾对策条例》强调两个理念：一是“自己的生命自己保护”；二是“我们的城市我们保护”。东京都除通过自治会组织志愿者救助队伍外，还与志愿者签订互助协议，建立“东京志愿者和市民活动中心”，组织开展自救自助活动，极

① 闪淳昌、周玲、方曼：《美国应急管理机制建设的发展过程及对我国的启示》，载《中国行政管理》，2010 年第 8 期。

大地提高了全民的防灾意识和协作精神。[①]德国在动员志愿者参与应急救灾方面更加注重全民参与。据统计，德国参加志愿者工作的人数占全国总人口的5%—10%，有130万现役志愿消防队员，其中包括5个大的志愿者组织的50万义务工作者以及联邦技术救援署的近8万志愿工作者。德国非常重视青少年的志愿者培训，通过学校教育和家庭教育，让青少年从小就养成“奉献社会、承担责任”的理念。[②]

（4）体现共同参与的沟通机制。突发事件发生后，如何第一时间将灾情有关的信息传播出去，实现政府、非政府组织与民众共同参与应对灾情成为事件处置的关键环节。如日本非常重视灾情信息发布系统，基本能做到第一时间将相关信息传递给民众，做到信息公开透明、准确及时。它的传播方式一种是大众传播，一种是个人传播。通过大众传播媒介将实现信息快速传播和发布，另外通过个人之间的信息传递，成了灾情信息传播的重要载体。日本东京非常重视与邮政、电力、铁路、银行等公共事业机构的协作。突发事件发生后，公共事业机构必须按照防灾计划和防灾合作协议进行宣传和信息发布。[③]在处置事件中，媒体是政府应急管理工作的重要合作伙伴，在处置事件中，准确及时发布信息也是媒体应尽的社

---

① 吴飞：《日本防灾立法的体制和精神》，载《中国改革》，2008年第7期。

② 凌学武：《德国应急救援中的志愿者体系的特点与启示》，载《四川行政学院学报》，2009年第6期。

③ 赵成根：《国外大城市危机管理模式研究》，北京大学出版社2006年版，第174页。

会责任。

4. 恢复与重建：反思与学习

（1）健全的调查评估机制。发达国家对重大事故灾害善后工作中，重调查轻处置，吸取事故灾害的教训，力争改进未来的常态管理体系。针对所发生的突发事件，美国遵循独立、客观、公正、公开、科学、权威的调查评估理念，明确评价体系、评估指标，规范独立调查评估制度。美国专门制定了《罗伯特·斯塔夫灾害救济和紧急救助法》第3条规定，总统有权动用所有相关的机构来建立灾害防御计划，调查评估是其中的重要工作内容之一。①

（2）突出保险功能的恢复重建机制。发达国家特别重视保险业在灾害恢复中的功能。部分灾害带来的损失由商业保险制度得到有效赔付。"9·11"事件成为美国灾害保险业的"分水岭"。由于恐怖主义难以预测，美国政府于2003年通过了《恐怖主义风险保险法案》（Terrorism Risk Insurance Act），将政府定为遭受灾难性恐怖袭击后保险业的终极保障，确定由联邦政府来分担商业财产保险的部分赔付。②通过市场保险手段降低灾害给政府和民众损失，有利于社会快速恢复常态。

（3）突出危机心理干预的安抚机制。发达国家非常重视用立法来支持心理危机干预，将心理危机干预作为恢复重建中

① 钟开斌：《中外政府应急管理比较研究》，国家行政学院出版社2012年版，第293页。

② 王宏伟：《突发事件应急管理基础》，中国石化出版社2010年，第13页。

的重要内容。从 20 年世纪 70 年代起，德国柏林大学心理研究所等专业研究机构就开始了突发事件心理危机干预的研究。同时，德国非常注重用立法来支持心理危机干预，通过立法来确保突发事件中精神卫生问题得到重视和解决。德国所制定的《传染病管理法》，对心理健康救援问题做了相应的规定。[①] 1994 年，新加坡建立国家应急行为系统，作为国家应急系统的重要组成部分。国家应急行为系统的主要功能是在国家发生民事和其他突发事件时，减轻和控制受害者的压力，为受刺激和伤害的国民提供心理援助。[②]

（三）应急管理法制建设的经验

（1）重视突发事件相关的法律体系建设。随着应急管理体系的建设，世界各国都非常重视应急管理法制建设，统一规定政府、市场、社会在应急管理中的权责，为各种主体行为提供了法制依据。如美国建立了以宪法为基础，综合性法律《国家紧急状态法》为核心，各类单行法律为主干的法律体系。将与政府等各类应急管理主体行为纳入法制轨道，力争做到约束政府的行为，保障民众的权利，保障应急管理工作依法进行。各国通过一系列相互配套的法律、法规，将政府应急管理纳入法制化轨道，是世界各国开展突发事件应对工作普遍遵循的一项原则。[③]

① 钟开斌：《中外政府应急管理比较研究》，国家行政学院出版社 2012 年版，第 318 页。
② 钟开斌：《中外政府应急管理比较研究》，国家行政学院出版社 2012 年版，第 321 页。
③ 钟开斌：《中外政府应急管理比较研究》，国家行政学院出版社 2012 年版，第 374 页。

(2) 法治贯穿了应急管理的全过程。汪永清分析比较世界上主要国家突发事件应对和紧急状态立法情况，体现了以下一些特点：一是法律既授予政府充分的权力又对其权力的行使加以严格限制，以防止政府滥用权力，保护公民权利；二是各国重视突发事件预防和应急准备工作，尽可能减少或避免进入紧急状态，更加重视应急管理准备的基本环节法治化；三是重视建立突发事件应对工作的统一领导和综合协调机制。[①]从以上特点可以看出，各国应急管理体制机制基本上是在法制基础上建立起来，具有一套权威性的法律体系。

(四) 应急管理预案建设的经验

(1) 充分发挥预案的“导航”功能。在美国，各级政府认为，任何政府应急管理有效性关键取决于该政府对潜在风险或紧急情况的预先计划、组织能力、预测能力和专业程度，这些要素关键要体现在应急预案建设中。一份完备应急预案和熟悉运作机制的主要负责人可节约时间和资源，减少人员伤亡。如果预案制定的好，职责明确、程序清晰，能有效解决应急反应人员之间的冲突或落实所需要资源的工作，会有充足时间从容应对突发事件。美国明尼苏达州根据应急预案的精神，为了应对高致病性禽流感和流感大流行公共卫生事

① 汪永清:《紧急状态法律制度——十届全国人大常委法制讲座第十三讲》,中国人大网 www.npc.gov.cn, 2005 年 2 月 28 日。

件，特别制定应急反应预案——美国明尼苏达州高致病性禽流感和流感大流行应急反应预案。[①]预案成为突发事件应对的“导航”，为突发事件处置指明方向，提高突发事件处置的有效性和针对性。

(2) 建立了全覆盖的应急预案体系。美国应急管理主体包括国土安全部及联邦有关机构、州政府、地方政府、志愿者、民间团体、企业等横向和纵向不同机构和个人，美国的应急预案体系也是一个纵横交错的完善的网络结构。从纵向来看，联邦、州、地方以及民间团体、企业分别制定了有关的应急预案，甚至很多家庭也制定了应急预案；从横向来看，美国的应急预案覆盖不同类型的突发事件和不同的部门，既有总体上的国家应急预案，也有具体针对特殊突发事件的应急预案。[②]从美国预案体系建设可以看出，根据应急管理主体的不同，确立不同领域的应急预案，形成了完整的预案体系。

(3) 基于风险评估的应急预案编制。纵观发达国家预案编制的情况，其中一条最基本的经验是预案制定基于风险评估为基础，根据不同风险源确定预案的不同内容和要求，保证了预案的针对性和有效性。尤其是一些特别重大灾害发生以后，往往给预案评估和修订提供契机，重新根据新的风险和隐

① 中国地震局应急救援司、中国地震台网中心编：《美国明尼苏达州高致病性禽流感和流感大流行应急反应预案》，载《国际应急管理动态》，2009年第10、11、12期。

② 钟开斌：《中外政府应急管理比较研究》，国家行政学院出版社2012年版，第376页。

患调整预案的规定。如德国专门成立重大灾难与事故预防委员会(DKKV)的日常工作，就是记录、分析重大灾害发生的时间、地点、频率，总结灾害应对的经验，研究预防灾害的计划。并且根据灾难的情况给政府提出一系列预防灾害的建议，为修订预案提供依据。美国政府定期颁布《国家安全战略报告》，对美国可能遭受的各种威胁和危机进行全面评估，作为一段时期内国家安全工作的指导，并在日常的应急管理中，选择实际案例，建立各类突发事件的案例库，及时更新应急预案，并从理论总结到实践操作全方位寻求符合美国国情的解决方案。①

(4) 突出预案演练和完善。预案演练成为发达国家预案管理的重要环节，通过预案演练总结预案中的不足和问题，及时修订预案，不断强调预案的实用性和科学性。德国非常重视预案演练，开发了预案演练体系，有综合演练和单项演练，有桌面推演式的静态演练和指挥部演练式的动态演练，并在演练基础上对预案进行完善和优化。德国桌面推演和动态演练方式成了中国各级行政学院演练式教学的模板，经过几年的学习和借鉴，形成了具有中国特色的应急管理干部培训的主要实践教育形式。

---

① 钟开斌:《中外政府应急管理比较研究》,国家行政学院出版社 2012 年版,第 409 页。

延伸阅读

全球应急管理发展阶段及特点①

阶段划分与主要特点	前应急管理时期（20 世纪 50 年代前）	应急管理规范期（20 世纪 50—90 年代）	应急管理拓展期（21 世纪以来）
应急管理理念	单项灾害管理	综合应急管理	国家应急管理体系
管理主体	临时性机构、政府临时参与	专门的应急管理综合协调机构	政府主导、全民参与
管理内容及特点	一事一管，一事一议专案处理	强调准备体系的平战结合，提出全流程应急管理模式	涵盖各类突发事件的管理体系，强调国土安全
管理手段	单选法律、临时的行政行为	制定基本法、完备的管理流程与制度	完善整个法律体系、建立综合性国家事故反应计划
理论基础	—	命令——控制	可持续发展模式、适应性团队

① 闪淳昌、薛澜主编：《应急管理概论》，高等教育出版社 2012 年 9 月，第 37 页。

第二章
应急防范与准备:周密完善

预防为主、常备不懈是突发事件应急工作的基本方针，建立和完善突发事件预防控制体系是对这一工作方针的具体落实。由于突发事件的突然性及难以预见性，只有建立一个完善的预防控制体系，才能及时发现突发事件，准确判定突发事件的类别和危害程度，体现“信息通、反应快”的要求，为有效处置突发事件奠定良好的基础，保证突发事件应急处理工作的顺利开展。应急防范与准备工作涉及应急预案的编制与演练、应急信息的监测与预警、应急资源的储备与调度、应急教育宣传与普及等四个方面。应急处理机制能不能及时启动，应急措施是否有效，关键要看前期应急防范与准备工作是否到位。应急预案编制应尽可能明确事前、事中、事后的责任主体、职责划分以及具体措施；应急信息监测预警需明确责任，明确时限，明确渠道，明确程序，明确主体；应急资源储备需统一规划，分类储备、整合市场与社会资源并完善物资管理信息化；应急教育宣传工作应该进社区进校园，做到广覆盖无缝隙，同时多开展“体验式”教育、“互动式”教育和全覆盖的“感官式”强化教育理念。

一、应急预案：编制与管理

应急预案是有效预防和处置各类突发事件的应急基础。首先，预案的编制和演练可以对那些事先尚未引起注意的风险因素进行及时的排查识别，实现源头防控。其次，应急预案明确了应急救援的责任主体和基本流程，起到了蓝图导向作用，使应急管理工作不再无章可循，缩短了应急响应的反应时间，将事故造成的人员伤亡、财产损失和环境破坏降到最低。同时，应急预案实现了与纵向上级部门和横向多部门间应急求援体系的有效衔接，确保了当应急救援超过本级应急能力的突发事件时与其他有关应急机构的联系和协调。通过应急预案的培训演练，可以使相关应急部门和个人明确自身的职责权限，知晓完成应急救援所需相应的能力和资源保障，强化风险意识，预案的演练过程可以较好地检验预案和行动程序，评估应急救援队伍的整体协调性。

（一）应急预案：内涵与体系

在现实中，应急预案有多种不同的表述，如应急准备预案、应急处置预案、应急救援预案等，但其核心内涵均指在辨识和评估潜在的重大危险、事故类型、发生的可能性、发生过程、事故后果及影响严重程度的基础上对应急管理机构与职责、人员、技术、装备、设施（备）、物资、救援行动及其指挥与协调等方面预先做出的具体安排。[①]它明确了在突发事件的应急准备、应急响应、现场恢复、善后处置等一系列流程中，责任主体的构成、应急策略、资源保障、做什么、怎么做等一系列具体的操作性安排。

在结构上，应急预案并非铁板一块而是分级分层的。依据突发事件的类型，可以将预案种类分为自然灾害类、事故灾难类、公共卫生事件类和社会安全事件类应急预案四大类。按应急责任主体来看，可划分为政府预案、企事业单位预案两大类。按行政区域层级类型的不同，可将应急预案划分为国家级预案、省级预案、地级市预案、县级预案以及乡镇、街道基层预案五种类型。按照预案的作用范围来看，可以将预案体系分为总体预案、专项预案、地方预案、部门预案以及临时性应急行动方案等。

总体预案是全国应急预案体系的总纲，从总体上阐述预案的应急方针、政策，应急组织结构及相应的职责，应急行动的总体思路等，是指导预防和处置各类突发事件的总体规范性文件。其适用于跨省级行政区域，或超出事发地省级人民政府

① 刘功智，刘铁民：《重大事故应急预案编制指南》，载《劳动保护》，2004 年第 4 期。

处置能力的，或者需要由国务院负责处置的特别重大突发公共事件的应对工作。同时，总体预案对预案体系中没有预料到的紧急情况也能起到一般的应急指导作用。专项应急预案通常针对某一种类型突发事件而制定的应急预案，对象非常明确，对应的责任主体和应对措施也非常具体，如防洪抗旱专项预案、SARS 防控预案等。其主要目的是规范某一类型或某几种类型突发事件的应急管理和应急响应程序，及时有效地实施应急救援工作，最大限度地减少灾害损失。专项应急预案多由各级人民政府的综合部门牵头制定，政府办公厅（室）印发，涉及多个相关部门的工作职责。

地方应急预案是省级以下人民政府根据上级人民政府的应急预案而制定的相应应急预案，具体包括省级政府的突发事件总体应急预案、专项应急预案和部门应急预案，各市（州）、县（市、区）政府及其基层政权组织的应急预案，区域性特征明显。

部门应急预案由各级人民政府的职能部门具体负责制定实施，较侧重于突发事件发生后，本部门的权责、应对措施、资源保障、部门联动等具体办法。

临时性应急行动预案一般针对大型公众聚集活动（如经济、文化、体育、民俗、娱乐、集会等活动）或高风险的建设施工或维修活动（如人口高密度区建筑物的定向爆破、生命线施工维护等活动）而预先对相关应急机构的职责、任务和预防性措施做出的应急行动方案。这些集聚活动都是在相对较小的空间、较短的时间里聚集了大量人流、物流，导致区域内各类突发事件的发生概率骤然上升。

这类预案的特点是具有明显的时效性，随着这些活动的结束，预案的有效性也随之终结。此外，具有较强的区域性，限制在一定的物理空间范围内，外部性较小。从预案的功能定位来看，政府总体应急预案定位在“原则指导”、专项应急预案强调“专业应对”、部门应急预案侧重“部门职能”、基层单位应急预案负责“具体处置措施”、重大活动应急预案突出“预防措施”。

目前，我国应急预案体系已形成了国家总体应急预案、专项应急预案、部门应急预案；省级总体应急预案、专项应急预案、部门应急预案；市级总体应急预案、专项应急预案、部门应急预案；县级总体应急预案、专项应急预案、部门应急预

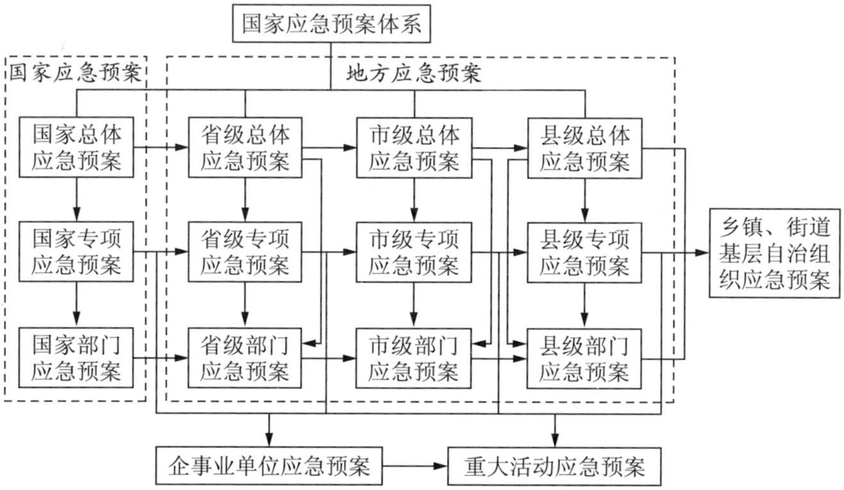

图 2-1　国家应急预案体系

案；基层组织应急预案、企事业单位应急预案以及重大活动应急预案的完整体系，结构如图 2-1 所示。

自 2006 年《国家突发公共事件总体应急预案》发布实施以来，我国开始大规模、系统性地制定整个应急预案体系。其大体上可分为三个阶段：一是单项应急预案阶段（2003 年以前）。这一阶段预案编制范围较局限在煤矿、地震、核电、化工等高危行业，按照相关法律法规的要求制定“事故应急救援预案”、“灾害预防及处理计划”。如 20 世纪 80 年代中期开始，我国核电企业编制《核电厂应急计划》；1996 年国防科工委牵头制定了《国家核应急计划》。中国地震局 1991 年编制完成了《国内破坏性地震应急反应预案》，1996 年国务院颁布实施《国家破坏性地震应急预案》。二是应急预案体系形成阶段（2003 年至 2007 年）。2003 年 7 月，国务院办公厅成立“突发事件应急预案工作小组”，开始全面布置政府应急预案编制工作，标志着我国应急预案体系建设第一轮过程的开始。按照“横向到边、纵向到底”的原则，各级地方政府及其部门编制的总体预案、专项预案和部门预案陆续就绪。三是应急预案体系完善阶段（2008 年至今）。汶川地震之后，以国家总体应急预案的修订为开端，现有的预案体系开始了以完备化、可操作化和无缝衔接为主要特征的战略转移，启动了预案体系建设的第二轮过程。截至 2010 年，全国应急预案体系包括 1 件国家突发公共事件总体应急预案，国家专项预案 28 件，国务院各部门预案 86 件，以及各级地方政府应急预案、企事业单位应急预案和举办大型活动应急预案等多层次、多种类预案总计 240 多万件，所有省、市级政府和 98.8%的县级政府编制了总体应急预案，基本建立了横向到边、纵向到底、外延到点的预案体系。

(二) 应急预案编制:结构与流程

建立完善预案体系是应急管理“一案三制”建设的龙头，关系到应急管理工作整体的发展走向。 应急预案结构是由总则、应急机构与职责、预警机制、应急响应、善后处理、资源保障等多层级内容构成。

1. 结构与原则

从结构上看，一份完整的应急预案应包括：(1)总则。 涵盖编制目的、依据、适用范围以及工作原则。 (2)应急组织机构与职责。 明确突发事件发生、报告、响应、结束、善后处置等各环节的主管与协作联动部门以及应急准备、保障机构等参与部门的职责。 (3)预防预警机制。 包括信息监测、预警行动、预警支持系统、预警级别发布等环节。 (4)应急响应。应急响应是应急预案的核心内容，涵盖应急响应级别、应急响应行动、信息报送和处理、指挥和协调、应急处置、信息发布、应急结束等具体内容。 (5)善后工作。 包括善后处置、社会救助、责任追究、后果评估等方面。 (6)应急保障。 具体分为人力资源保障、财力保障、通信保障、物资保障、交通运输保障、医疗卫生保障、人员防护、技术装备保障、治安维护等保障环节。 (7)监督管理。 包括预案演练、宣传和培训、奖惩与责任。 (8)附则。 一般包括预案名词术语解释、预案管理与更新、预案解释部门、预案实施时间等内容。(9)附件。包括各种表单和说明文件，如操作手册、指挥机构组织结构图、预案中专用名词、术语，缩写语和编码的定义、应急部门通讯方式、指挥部成员联系方式、人员疏散地图、资源位置图、紧急设备使用说明等。

不同类型应急预案因目的和要求的不同，具体包含的内容也有相应差异。但一般而言，以下六个要素是必不可少的：(1)预案基本情况。对所指向突发事件应急管理整体工作的必要说明。(2)应急组织机构与职责。应急主体所应承担的责任、工作内容及相互关系。(3)预防准备情况。对所指向的尚未发生(潜在)的突发事件采取的预防准备和控制措施。(4)基本应急程序。针对发生不同级别突发事件的分级响应和应急处置程序。(5)应急保障。应急处置中的人、财、物等资源保障及损失耗费承担主体。(6)恢复善后程序。应急行动结束后所需的一切恢复重建、心理救助和责任问责等方面。

一份好的应急预案应符合以下基本条件：(1)符合国家和地方与应急管理相关的法律法规的规定。(2)应急预案应该是"通用"或"全灾种"的，既包括通用性条款，也包括特定灾害的应对措施。(3)应急预案应针对应急管理的全过程，而不仅是应急响应单一阶段，应包括有利于防止突发事件发生的预防准备措施等。(4)应急预案应明确突发事件预防与处置中每一个参与机构及人员的职责和活动。(5)应急预案应该标准化、规范化。其主要体现在应急的指挥协调组织结构应该标准化、应急响应的程序应该标准化、应急相关的术语应该标准化、应急资源的分类应该标准化、不同层级、类别的应急预案应该规范化以及应急预案的编制、管理过程应该规范化等方面。(6)应急预案的编制应基于对应急处置所需资源的全面调查和评估基础上而做出的。(7)应急预案应能够以高效、快速的方式调用适量的资源满足应急救援处置的需要。(8)应急预案编制应基于对所在区域可能发生突发事件的调查和评估基础上。(9)应急预案的用词应该简单明了,避免使用有歧义或过于专业性词汇。(10)应急预案应与其他层级政府及相邻行政区域的应急预案和要求相衔接,避免相互冲突。

应急预案的编制总体上需要遵循“全”、“准”、“活”、“练”四方面的原则。“全”体现在预案编制要实现横向和纵向的全覆盖,横向上,预案类型要涵盖自然灾害、事故灾难、公共卫生、社会安全等所有类型的突发公共事件。纵向上预案体系要覆盖国家总体应急预案、国家专项应急预案、国家部门应急预案、地方应急预案、企事业单位应急预案、重大活动应急预案6个层次。在内容上,不仅要包括应急处置,还要包括预防预警、恢复重建;还要有应对措施,还要有组织体系、响应机制和保障手段。“准”要求预案务必切合实际、有针对性,要根据事件发生、发展、演变规律,针对风险隐患的特点和部门应对的薄弱环节,科学制订和实施应急预案,预案务必简明扼要、有可操作性。“活”强调预案不是一成不变的,要随着应急预案中应急目标、应急技术、调度方案等的变化不断修正应急预案，加强预案动态管理，突出时效性。“练”关注预案的实战效果，应急预案的演练是将应急预案从理论走向实战的桥梁，可以检验应急预案编制的科学性、可操作性，也为不断完善预案，提高预案减灾功能提供了最佳途径，真正达到检验预案、磨合机制、锻炼队伍的目的。

2. 应急预案的编制流程

科学规范的应急预案编制流程可分为成立预案编制小组、风险识别与评估、风险的分类分级、组织机构及其职责、处置措施、应急能力评估、编制预案、评审与演练以及预案发布等具体环节。①

（1）成立预案编制小组。突发事件的应急救援行动涉及不同部门、不同专业领域的应急各方，需要应急各方尤其是与危险直接利益相关方的密切合作，才能保证预案编制工作的科学性、针对性和完整性。参加应急预案编制的主要小组成员一般应有突发事件处置经验、相关专业知识背景以及在本单位本部门具有一定决策力的人员组成。应急预案编制成员一般包括行政首长或代表、应急管理部门、上级政府或应急管理机构代表、下级行政部门负责人、技术专家、消防、公安、环保、医院、急救、卫生防疫、市政、邮电、交通管理、广播、电视等新闻媒体、法律顾问、有关企业部门以及利益相关者（灾害影响人群代表）。预案编制小组成员确定后，要确定小

① 邹积亮：《推进基层灾害监测预警体系建设的路径探索》，载《中国应急管理》，2012 年第 3 期。

组领导，明确编制计划原则，为召开工作会议做准备，保证整个预案编制工作的组织实施。

（2）风险识别与评估。风险识别是指在风险事故发生之前，人们运用各种方法系统的、连续的认识所面临的各种风险以及分析风险事故发生的潜在原因。[①]风险识别阶段的主要工作包括识别风险源、对风险源进行分类以及对不同类别风险源进行风险级别评估。风险识别的程序包括编制风险清单、风险描述、风险筛选三个主要步骤。根据现场调查、文献材料、专家头脑风暴以及研究已有突发事件案例等方法详尽列出本区域可能存在的风险源，制定风险清单，风险损失清单越详细完善，越能全面识别本区域可能面临的风险。在此基础上，具体描述每一风险类型、发生位置、时间、原因、影响因素、影响形式、影响对象、致灾因子、承载体的状况、风险源和潜在后果等方面。风险识别与评估范围应涵盖自然灾害、事故灾难、公共卫生和社会安全四大类突发事件，根据风险固有属性、致灾因子和孕灾环境的自然特征、受影响对象（人群、区域、设备设施、政府与社会组织）的风险承受与控制能力来综合确定灾害发生的可能性和严重性。

风险识别阶段重点考察的因素涉及区域地理、人文（包括人口分布）、地质、气象等信息；单位功能布局（包括重要建筑保护目标）及区域交通情况；重大危险源的分布情况及危险物

① 薛澜、张强：《危机管理》，清华大学出版社2003年版，第45页。

质的主要种类、数量、属性等情况；危险物质运输路线分布；特定时段的风险因素（如重大节日活动安排、娱乐活动集会等）；区域主要社会矛盾及可能引发社会安全类事件的类型、后果影响分析。在此基础上，结合风险识别的具体目标和范围，比较现有评估指标，进一步筛选出主要风险类型。

（3）风险的分类分级。根据突发事件确定的科学分级标准，按照各类突发事件按照性质、严重程度、可控性和影响范围等因素，一般将风险等级分为4级，即Ⅰ级（特别重大）、Ⅱ级（重大）、Ⅲ级（较大）和Ⅳ级（一般），依次用红色、橙色、黄色和蓝色表示。突发事件的响应级别与预警风险等级密切相关，根据风险等级，启动相应级别的应急响应行动。不同的响应级别应在事故的通知范围、应急中心的启动程度、应急资源调集规模、人员疏散的范围、应急总指挥的层级等方面都有不同的规定。

影响突发事件风险等级分类的因素复杂众多，从客观和主观两方面看，主要涉及以下因素：（1）危机事件影响范围，包括地域因素、危害覆盖面积大小等。（2）危害程度，包括对物质、人员、环境等因素的危害。（3）扩散要素，自然因素以及风险扩散的传输渠道等。（4）时间因素，发生的特定时间点以及持续的时间长短均可能扩大风险的影响程度和范围。（5）认知程度，依赖于对突发事件发生机理、处置机理的研究程度与风险等级成反比关系。（6）社会影响程度。（7）公众心理承受力，公众心理承受度越高，风险等级越低，反之则反。（8）资源保障程度，保障越充分，风险系数越低，反之，风险等级增加。[①]

（4）组织机构及其职责。应急预案必须明确回答突发事件事前、事发、事中、事后，谁来做？怎样做？做什么？何时做？用什么资源做？概而言之，需要明确以突发公共事件应急响应全过程为主干线，明确突发公共事件发生、报警、响应、结束、善后处置等环节的主要负责部门与协作部门，以应急准备及保障机构为支线，明确各参与部门的职责。组织体系应涵盖处置主责单位、次生灾害与衍生灾害处置相关单位以及本区域以外能提供援助的有关机构、政府和企业在事故应急中各自的职责。

从部门职能角度看，需详细列举责任部门、责任人和他们的具体责任。确保应急中所有部门都有明确任务与职责，并且确保机构间的职责与任务没有重叠。具体而言，行政部门领导职能重心是负责维护应急救援体系正常运转，全面负责应急工作的指挥调度、综合协调与监督管理。应急救援部门主要负责现场人员搜寻救援；生命线部门负责抢险保通；消防部门参与现场救援；公安部门负责现场治安维护和救援；交通和运输部门负责处置、救援保障；医院、卫生防疫负责现场人员救援和卫生防疫；民政部门、红十字会等社会组织负责社会救援、灾民安置等工作；新闻媒体部门负责危机沟通，信息

① 杨静、陈建明等：《应急管理中的突发事件分类分级研究》，载《管理评论》，2005 年第 4 期。

发布。

（5）处置措施。应急预案的处置措施或方案是预案的核心，决定整个应急救援行动的成败。处置措施或方案应遵守快速反应、统一指挥、属地为主、条块结合与灵活机动的基本原则。处置措施应覆盖预防准备、监测预警、信息报告与发布、指挥控制、资源保障、恢复重建等整个应急过程，明确每个阶段的具体处置方案。预防准备措施侧重日常管理活动中的风险排查与识别，增强风险意识与安全教育等方面。监测预警措施主要包括信息监测与报告，预警预防行动，预警支持系统，预警级别及发布等具体方案。信息报告方案涉及对上级政府与部门、对内各平行职能部门以及对社会信息公开等方面的具体措施，要做到对上及时有报告、对内快速信息共享、对外新闻及时发布。信息发布途径应多元化、立体化并及时滚动更新，坚持“快报事实、慎报原因”的发布原则，并充分利用新媒体资源的信息传播优势。指挥控制环节重点要做好紧急疏散、先期处置、居民安置、社会动员、统筹协调等具体方案。资源保障阶段需要明确资金保障、物资保障、技术保障、通信保障、治安保障、应急队伍保障、社会动员保障、医疗卫生救援保障等保障环节的具体方案。恢复重建阶段方案侧重善后处置、社会救助、心理恢复、保险理赔、责任追究、司法救济、事故调查报告和经验教训总结及改进建议等具体措施。

应急处置方案制定可以借鉴已发生突发事件的具体处置案

例办法、国内外突发事件应急处置的一般行动方案以及其他类型预案中对处置措施的规定等方面，结合本区域本部门自身实际情况具体制定行动方案。

(6) 应急能力评估。有效的预案是需要以一定的资源保障为支撑的，没有足够资源支撑的预案是假预案、空预案。这就需要在预案编制之前对本区域、本部门已拥有的或可以调动的全部应急资源状况进行摸底和评估。应急资源是预防和处置突发事件所需的全部要素，包括应急队伍(人)和应急设备(物)两大方面，是构成区域应急能力的核心因素。应急能力评估需要重点分析以下几方面：根据风险识别和评估所筛选出的主要风险类型，具体分析开展有效的应急管理需要哪些应急资源？本辖区内目前拥有哪些资源？这些资源分布的情况如何？现有的资源分布与应急管理需求的关系是短缺还是过剩？与相邻地区、部门签订互助协议以及与社会专业服务机构、物资供应企业等机构签订互助协议情况是否完备有效？

应急队伍(人)主要由专业基本力量、骨干突击力量以及社会辅助力量三大块构成。专业基本力量包括公安消防队伍、防汛抗旱队伍、海上搜救队伍、航空救援队伍、铁路救援队伍、矿山救护队伍、医疗救护队伍、地震救援队伍、森林消防队伍、应急通信队伍、应急运输队伍、电力抢险队伍、危化品处置队伍等方面。骨干突击力量包括人民解放军、武警部队、公安干警、民兵预备役。社会辅助力量包括兼职应急救援队伍、综合性应急救援队伍、应急志愿者队伍构成。对于应急队伍这部分资源的评估需要考察紧急时可以动员多少全职救援队伍、多少兼职救援力量、多少社会志愿者以及可动用人员的应急培训水平等方面。

应急设备(物)的方面评估主要包括应急救援物资储备状况以及灾情灾害立体监测系统有效性两方面。包括通信联络设备评估、个体防护装备评估(如呼吸器、防护服等)、消防设备和供应评估、医疗服务机构、设施装备与供应评估、交通系统状况评估、危险监测系统设备评估、事故控制与现场救援设施装备评估、现场管制设备供应评估等方面。此外,有关部门及有关单位是否建立应急救援物资储备制度,制订本部门、本地区的应急物资生产、储备、调拨体系和方案是否合理有效、是否建立与其他省(区、市)和地区物资调剂供应的渠道等方面均是应急能力的评估范围。

(7)编制预案。在完成确立预案编制小组、风险识别与评估、风险的分类分级、处置措施、组织机构及其职责以及应急能力评估的主要工作后,便进入正式的预案编制环节。应急预案的生命力在于针对性和可操作性,能够让原则性的指导方案转换成现实演练的可操作性和实战性。因此,应急预案编制需要坚持"四化"的指导原则,即简化、实化、流程化和图表化。①

"简化"强调预案文本内容需要注重文字的提炼、归纳和

① 张邦平:《加强应急预案管理和优化的实践与探索》,载《中国应急管理》,2012年第6期。

总结，减少应急预案中过多的处置程序文字性描述，改用程序流程图代替，突出针对性和操作性，让人一看就清楚如何做、怎么做、用什么做、谁负责。

“实化”要求将预案编制的重点放在明确各级政府和部门职责和处置措施上，体现实用性，增加风险识别环节的分析描述，突出危险目标、危险因素和处置措施。尽可能将应急响应程序具体化和操作化，将各种应急救援处置任务落实到具体对应的部门或责任主体。

“流程化”关注程序流程图的使用，将应急救援过程中的各个响应环节合理有序地组合，明确应急准备、应急响应、信息报送、现场处置、善后环节等各个阶段的响应流程和措施，第一步做什么、如何做，第二步做什么，如何做等等，以流程的形式将事件发生、分级等情况标示清楚。

“图表化”要求将危险源分析、风险类型与级别、预警流程、重点工作部门与岗位、响应程序、现场处置措施、应急装备和物资清单、联系方式等内容以图表罗列、表格显示的形式反映出来，改变以纯文字长铺直叙的表达方式，便于在应急状态下的快速查阅使用，一目了然。

此外，针对目前预案体系同质化现象严重，各层级预案版本、内容大同小异的实际状况，预案的编制还需坚持差异性和动态性原则。各级各部门应结合本区域和部门的主要风险类型和级别、发生的可能性和危害程度、应急资源储备状况，实现预案内容的差异化，符合区域和部门应急管理的实际需求。

一般而言，省市级预案侧重总体把握、明确一般流程和处置原则，体现法规性和一般指导性作用。基层预案则体现先期救援和处置的特点，针对区域主要风险源，明确先期应急准备、应急响应、先期处置、信息报告、应急保障、善后处置等系列环节的责任主体、具体措施等细节内容，突出针对性和操作性。

（8）评审与演练。一个完整的预案必须要经过测试才能发布，目前主要有评审和演练两种测试办法。评审由应急救援指挥领导小组和有关专家组成应急预案评估小组对应急预案进行审核、评价工作。评审周期分定期（如一年）和不定期两种，不定期评审主要由培训和演习中发现的问题、重大事故灾害的应急经验与教训、国家或地方有关应急法规发生变化、本地区（单位）或周边危险源及环境的变化等相关因素影响决定是否需要及时修订预案。

应急预案评审采取形式评审和要素评审两种方法。形式评审主要用于应急预案备案时的评审，对应急预案的层次结构、内容格式、语言文字、附件项目以及编制程序等内容进行审查，重点审查应急预案的规范性和编制程序。要素评审用于生产经营单位组织的应急预案评审工作，具体包括危险源辨识与风险分析、组织机构及职责、信息报告与处置和应急响应程序与处置技术等关键要素。侧重从合法性、完整性、针对性、实用性、科学性、操作性和衔接性等方面对应急预案进行评审。应急预案评审采用符合、基本符合、不符合三种意见进行判定。对于基本符合和不符合的项目，应给出具体修改意见或建议。

应急演练是检验应急预案体系针对性、完备性和操作性的最好方式，不仅可以强化相关人员的风险意识，提高快速反应能力和实战水平，又能暴露应急预案和管理体系中的不足。应急演练有桌面演练、功能演练和全面演练三种主要类型。

桌面演练又有桌面推演、指挥部演练、联合指挥部演练三种不同形式，一般是指由应急指挥的主要成员参加，按照预案的流程和标准，讨论突发应急状态下如何化解和处置风险的演练活动。桌面演练的特点是对演练情景进行口头演练，一般仅限于有限的应急响应和内部协调活动，大多在会议室内举行，调动资源较少，成本较低，主要目的是锻炼参演人员解决问题的能力和应急联动部门间相互协作、职责划分的问题。

功能演练主要是针对应急响应功能，重点检验参演人员以及应急体系的策划和响应能力。例如，指挥和控制功能的演练，主要是检测和评估不同政府部门间在应急状态下实现快速反应、部门联动、资源整合的响应能力。一般在若干应急指挥中心或现场指挥部举行，也可同时开展现场演练，调用有限的外部应急资源。

全面演练可以较全面地检验预案中全部或大部分应急响应功能的运行情况。全面演练一般持续时间较长，大多采用交互方式进行，有条件的还可以运用应急仿真演练系统进行实战性演练。应急仿真演练系统通过对各类灾害数值模拟和人员行为数值模拟的仿真，在虚拟空间中仿真灾害发生、发展的过程，以及人们在灾害环境中可能做出的各种反应，以此来训练各级决策与指挥人员、事故处置人员，发现应急处置过程中存在的问题，检验和评估应急预案的可操作性和实用性，提高应急能力。全面演练一般重点检验应急过程中应急动员时的预警监测、对公众预警与公众撤离、通信保障、指挥、协调与控制、部门联动与不间断运转、应急公共信息发布与危机沟通等环节。

(9)预案发布。在业已制定的各级政府和企事业单位的预案中，有部分专项预案和部门预案并未公布，被“束之高阁”，不对预案进行公开，其他预案一般也只公布经过大量删节的简本，公众并不知晓。没有告诉受众的预案是“假”预案，应大力推进应急预案公开。预案中被删节的内容如确无保密必要，应在公开版本中予以保留或恢复。某些内容在平时确实不需公开，但当突发事件一旦发生而必须适用时，便应迅速公布。一般而言，省、自治区、直辖市层级的总体应急预案以省、自治区、直辖市市政府文件的形式公布；地级市、直辖市的区县(自治县)综合应急预案以地级市、区县(自治县)人民政府文件的形式公布；县级人民政府部门(单位)应急预案以县人民政府办公室或部门(单位)文件的形式公布。省、自治区、直辖市政府部门(单位)专项、单项和保障应急预案以省、自治区、直辖市政府办公厅或省、自治区、直辖市政府部门(单位)文件的形式公布；乡镇(街道)应急预案以乡镇人民政府、街道办事处文件的形式公布,村(社区)应急预案以村(社区)名义张榜公布;企事业单位应急预案以企业(单位)文件的形式公布;重大活动应急预案以主办或承办部门(单位)文件的形式公布;现场应急预案以现场指挥部或有关行政主管部门文件的形式公布。凡涉密的应急预案要删除涉密内容,编制应急预案简本及时公布。预案中部分内容确需保密,且其性质纯属内部工作规则,不产生外对效力,则无需公开。

预案发布的受众范围,即与预案相关的所有人员,主要包括预案中规定的指挥者(地方或部门首长)、预案中规定的突发事件的所有应对者、预案制定者的上级部门、预案中针对的可能受到突发事件影响的普通群众、预案中规划的应对突发事件的支援者、志愿者等等。应急预案的发布要通过图书、报刊、音像制品和电子出版物、广播、电视、网络等多元方式,广泛宣传应急预案的基本内容和应急流程,增强公众的忧患意识、社会责任意识和自救、互救能力。也可以通过举办预案专题培训加强预案知识的解读,但最好的途径和方法还是演练。

(10)修订与优化。应急预案的修订是应急预案管理的重要组成部分,各级政府及部门(单位)应急预案原则上每三年修订一次,乡镇(街道)、村(社区)的应急预案原则上每年修订一次,企事业单位及其他应急预案根据实际情况及时修订。有关法律法规、行业管理对应急预案修订时间另有规定的,从其规定。应急预案编制部门（单位）应当建立应急预案评估制度，在每次突发事件应急处置或应急预案演练结束后，及时对应急预案进行评估，总结经验教训，提出修订建议。同时鼓励应急预案编制部门（单位）委托专业技术服务机构、科研院所、大专院校参与应急预案编制和评估工作。

有下列情形之一的，编制部门（单位）应及时修订应急预案：

应急组织体系或职责有调整的；

应急管理主要负责人或主要人员发生变化的；

实际情况发生较大变化的；

国务院及上级有关部门另有明确规定的；

应急预案编制部门（单位）认为应当适时修订的。

有关部门（单位）和人员对生效期间的应急预案认为有必要进行修订，应及时以书面形式告知应急预案编制部门（单位），应急预案编制部门（单位）应根据实际情况做出是否修订应急预案的决定，并给予书面明确答复。

应急预案编制部门（单位）做好有关应急预案的衔接工作，对发生相互抵触、不衔接的情况，应当按照如下原则协调解决：①

第一，下级政府、部门（单位）的应急预案应当服从上级政府、部门（单位）的应急预案，重大事项相互抵触、不衔接的，

① 重庆市人民政府办公厅：《重庆市突发事件应急预案管理办法》，渝办发〔2008〕273号。

由上一级人民政府应急管理办事机构或有关行政主管部门(单位)负责协调。

第二，同级政府部门(单位)应急预案之间相互抵触、不衔接的，由本级政府应急管理办事机构负责协调，重大事项相互抵触的，报请本级政府应急管理领导机构研究解决。

第三，乡镇(街道)、村(社区)以及企事业单位应急预案坚持“谁主管、谁负责”的原则，由有关部门(单位)按照职责权限协调解决。

(三)数字化预案:应急预案发展的新趋势

应急预案是预防和处置各类突发事件的应急基础。传统文本式应急预案虽明确了应急救援过程中的相关责任主体和基本工作流程，但存在查询困难、表达不直观、可操作性差等一系列先天不足。因此，人们在应急管理过程中便开始探索运用数字信息、地理信息、图像显示等现代技术手段来提升应急预案的综合功能，数字化预案的概念由此产生。

通俗而言，数字化预案是将各种数字技术应用于应急预案的执行过程中，根据突发事件的处置流程，将文本预案开发成一系列可以随突发事件演化过程而顺序执行的应急操作程序，并可实现根据事态自动分析预警级别、提示应急策略、优选处置方案等辅助决策功能。

目前，世界上很多国家都在积极开展数字化预案技术的研究，并广泛应用于军事、能源、公共卫生、工业制造及农业生产等领域，较为典型的有美国萨瓦纳沿海区数字应急预案系统、美国俄亥俄油气田应急响应系统、英国达特茅斯港口应急计划与管理系统等。

完整的数字化预案体系由预案系统(总体、各专项、部门预案)、数字预案智能系统、培训系统三块构成。预案系统由预案主体、预案管理组成；数字预案智能系统由智能化的数据库、案例库组成；培训系统包括应急演练、公众应急教育培训、管理和使用人员培训。

功能完备的数字化预案体系，具有科学研判、方便直观、快捷高效的特点，可实现的基本功能包括预警分级与信息发布、应急能力评价、救援资源查询、事故发展预测和影响分析、应急方案的优化筛选和辅助决策、事故过程的再现与分析、应急预案的培训与演练等方面。以火灾救援为例，数字化预案中的地理信息技术(GIS)可以利用对当地的气象、地理位置、周边环境、人口密度、管线分布、救援队伍、应急资源的分析进行完整的应急能力评价及监测预警；在应急响应和救援环节，可实现火灾场景的直观展示，数据库和案例模型库可实现对火灾的发生状况、演化趋势的模拟，并结合风速、风向、空气湿度、周围建筑物等数据，判断火势的走向、蔓延速度、影响范围等因素进行辅助决策。通过 GIS 功能的运用，也可以快速完成对道路网络的分析、人群疏散、救援调度最优路线的确定等工作，从而大大提升救援效率。应急救援结束后，还可以通过数字化预案系统的回放功能再现应急处置过程，让指挥决策者进行自评价和互评价，寻找问题和总结经验。

数字化预案的开发流程大致包括以下工作：首先，将文本预案进行结构化分解，按照应急救援所涉及的环节如监测预警、应急响应、现场处置、善后恢复等阶段开发出独立而又相互关联的程序模块。同时，分析每个流程的关键节点，如信息的接受与传递、预警级别、响应级别等节点从而得到详细的预案流程图，并开发成能够自动分析执行的预案流程模块。其次，将区域内各种突发事件信息、地理信息、交通信息、应急资源等信息与预案流程图关联，关联信息包括现场设备与环境信息、现场视频监控数据、应急资源储备状况与位置信息、突发事件演化分析信息等。在此基础上，收集各类突发事件处置的典型案例，开发应急管理案例库，制定应急策略和救援方案的推理规则，实现对应急救援方案的智能分析和辅助决策。

不难看出，数字化应急预案实际上是应急预案的执行平台，它需要应急平台中视频监控、信息监测、通讯指挥、应急资源数据库等功能模块进行辅助支持。通过各预案流程模块的开发并与信息资源的关联，从而将文本预案实现可视化和可操作化。

数字化预案技术从概念提出到如今大致经历了电子化、可视化、智能化三个发展阶段。电子化阶段主要实现了预案的电子化管理功能，实现应急预案的文本编辑、分类查询、添加、删除等功能以及应急预案电子文本的组织管理。可视化阶段综合运用图文声像等要素实现预案执行流程的直观化，并且结合视频监控模块接入，能够快速获取突发事件现场信息，初步实现应急预案的可视化。智能化阶段建立在全息化应急平台之上，通过三维仿真系统和现场视频监控模块，快速获取实时生产数据、环境数据和视频信息，实现与突发事件现场全息化实时互动。

未来数字化预案技术将集中朝高度智能化和实时化两大方向发展。智能化表现在广泛运用各类智能化技术建立应急处置推理机制，通过建立完备的应急资源和应急处置案例数据库，并按突发事件发生演化的不同阶段进行相关匹配，从而实现应急预案流程的自动分析执行，能够根据突发事件状况进行应急处置方案的分析。实时化体现在综合运用卫星定位、地理信息技术、三维仿真等现代化定位跟踪和图形图像显示技术，实现对应急预案中各种相关资源信息的实时动态跟踪并通过现场视频监控和三维仿真技术实现事发现场的可视化。

我国应急管理理论与技术的研究起步较晚，虽已将应急平台建设列入国家科技发展规划，但目前国内数字化预案技术的推广应用进展仍较为缓慢。其重要原因之一在于从国家到地方，从行业管理部门到各级生产企业均尚未建立完善的应急业务管理系统，相关地理信息、视频监控信息、物资管理、交通信息等数字化城市管理资源尚未得到有效集成，导致数字化预案系统开发的附加成本大大增加。

当前，推进我国数字化应急预案体系建设需要尽快完善应急平台数据库系统建设，以地理空间信息和属性数据为核心，整合区域情况、重大危险源、重点防护目标等应急资源数据，结合事件数据库、预案数据库等为系统提供全面基础数据支撑。同时实现应急多源信息的共享交换，解决应急信息包含的数据类型多，分布于不同职能部门，数据类型与格式千差万别，各种信息不能集成统一的难题，保证数据的实效性、准确性、可用性。

延伸阅读

上海基层单元应急预案建设

社区和基层单位是上海城市应急管理工作的基础单元。强化基层应急管理建设，推进社区和基层单位的人员疏散防护预案编制工作，关系着广大人民群众生命财产安全，关系着上海城市社会安全和社会稳定。上海将逐步建立横向到边、纵向到底、网格化、全覆盖的应急预案体系框架，使应急管理工作进社区、进农村、进企业。

基层单元应急预案是根据总体应急预案，大型企事业单位、高危行业重点单位为应对本单位突发公共事件制定的工作计划、保障方案和操作规程。市、区县级基层单元应急预案由各单位组织制定，分别报市、区县政府备案。

市应急委根据实际需要，在大型交通枢纽、化工区、保税港区、国际旅游度假区等特殊区域指定牵头部门，并将整个区域作为独立主体纳入市级框架进行统筹和协调。比如，宝钢集团为中央在沪企业，主要位于宝山区，一旦发生事故，属地化响应存在难度。又如，上海化工区横跨金山和奉贤两个区，占地面积大，危化品事故的风险较高，区域性救援力量难以快速抵达，难免会贻误“战机”。特殊管理区域的存在，倒逼上海市加强制度和管理创新。

这些基层单元主要由重点区域和高危行业重点单位组成，具有社会影响大、应急管理协调工作涉及面广、责任主体不够明确等特点。如虹桥机场、新客站、轨道交通站点是人流集中的地方，应灾的重点在于如何第一时间疏散；上海化工区、上海石化、宝钢集团则是危险品集中区，如何保证灾害情况下的安全是第一考虑要素。

目前，洋山深水港、上海化工区、浦东和虹桥国际机场、新客站、轨道交通站点、民防工程及地下空间、宝钢、世博会园区、上海石化9个单位被列为第一批市级基层应急管理单元。洋山深水港、浦东和虹桥国际机场以及上海化工区三个试点单元将完成框架建设，其余六个单元的建设也将相继启动。此外，举办大型会展和文化体育等重大活动，主办单位应当制定应急预案，并报批准举办活动的政府部门审定。从预案的效力层级来看，基层应急管理单元应急预案类似于区县总体应急预案，能够弥补属地管理可能存在的“空白地带”。

二、 应急信息:监测与预警

应急信息，是指可能发生，可能造成严重社会危害，可以预警的自然灾害、事故灾难、公共卫生事件以及社会安全事件信息。加强对各类突发事件的监测预警和信息发布是预防和处置突发事件工作的关键环节，是防御和减轻灾害损失的重要基础。及时、准确、客观、全面向公众发布应急预警信息，是提高政府公共服务水平的标志之一，对于提升应急管理水平、构建和谐社会具有十分重要的意义。

(一) 基本要求

应急信息的监测预警要坚持“以人为本、预防为主、统一发布、政府主导、部门联动、社会参与、分级负责、重在基层”的基本原则，依靠法制、依靠科技、依靠基层，以保障人民生命财产安全为根本，以提高预警信息发布时效性和扩大覆盖面为重点，有效落实各级政府和各行各业防灾减灾责任，多种形式扩大应急预警信息的传播资源，充分调动各方面的积极性，努力做到预警及时、传播快捷、应对高效，最大程度扩大预警信息公众受益面，最大限度减轻突发事件的不利影响。

应急信息的监测预警的基本要求有三个方面：一是统一性。严格信息发布制度，明确职责，统一口径，避免信息混乱，不把有分歧或未经证实的信息散布或传播出去。二是准确性。应急预警需要提供准确、权威的信息，提高事件处置的透明度，最大限度地避免或减少公众猜测和新闻媒体的不准确报道。三是及时性。力争在第一时间发布权威、准确的信息，掌握重大突发事件舆论引导的主动权和话语权。密切关注媒体对突发事件的新闻报道。及时安排和协调记者的采访活动，审定有关稿件。对各主要新闻媒体的有关采访活动要给予支持和帮助。加强舆情收集，有针对性的解答公众疑惑，发现错误或片面的报道倾向时，应及时核实了解情况，迅速发布权威信息，澄清不实报道和谣言，防止媒体炒作。

（二）基本内容

应急预警信息的内容，主要包括突发公共事件的名称、类型、预警级别、预警区域或场所、预警期起止时间、影响估计、警示事项、应对措施、社区动员、发布机构、事态发展、相关措施、咨询电话等方面。预警信息的预警级别按照突发事件发生的紧急程度、发展态势和可能造成的危害程度分为特别重大（一级）、重大（二级）、较大（三级）和一般（四级），依次用红色、橙色、黄色和蓝色标示，一级为最高级别。

一般而言，应急预警信息发布需要根据各类突发公共事件的监测预测部门的报告和专项应急预案，按照突发公共事件可能发生、发展趋势和危害程度，经上级应急管理部门和领导机构核实、批准后，应急办公室可以发布相关预警信息。

预警信息发布需通过政府突发事件预警信息发布系统实行统一发布制度。广播电台、电视台、报社、网站和电信运营单位要及时、准确、无偿地向社会公众传播预警信息。辖区内突发公共事件发生时，必须在1小时内将事件起因、发展过程、严重程度、发展趋势和对策措施等及时如实报告上级部门，不得误报、迟报、漏报和瞒报。

（三）预警措施

发布预警信息并宣布进入预警期后，应急管理部门要及时向本区域相关部门以及可能受到危害的毗邻或相关地区的人民政府及时通报。

基层各单位的巡查信息是应急预警信息的重要来源，基层乡镇及各部门要对信息收集、监测、报告、报道和通报工作进行管理，要设立专（兼）职信息员，负责本辖区、本系统、本行业各类突发事件信息收集、监测、报告、报道和通报工作。基层乡镇及各部门当获悉预警信息后，要积极采取措施做好防范应对工作，及时向社会公众广泛宣传即将发生的突发事件的特点和可能造成的危害，及其避免和减轻危害的常识、咨询电话等，并指导督促有关村（社区）、学校、企业等做好防范应对准备，正确处理危机，维护社会稳定，最大限度地减轻和消除突发事件可能造成的危害。

基层各镇街、有关单位要充分利用广播、电视、报刊、互联网、手机短信、电子显示屏、宣传车、农村“大喇叭”等信息传播平台，快速、及时、准确地将预警信息传播给社会各界和公众。并采取足以周知的有效传播方式将预警信息传播至老、幼、病、残、孕等特殊人群以及医院、学校等特殊场所和警报盲区。村民委员会、居民委员会以及其他基层组织和村社信息报告员接到预警信息后，要进行宣传动员，组织群众做好防范应对工作，充分发挥基层信息报告员的作用。同时，基层各有关单位在平时要加强预警信息相关知识的宣传教育工作，普及防灾减灾知识，增强社会公众的防灾减灾意识，提高公众自救、互救能力。

进入预警期后，应急管理部门应当根据即将发生的突发事件的特点和可能造成的危害，采取下列措施：

（1）立即启动相关应急预案，成立应急指挥机构。

（2）责令负有特定管理职责的人员和信息员及时收集、报告有关信息，向社会公众公布反映突发事件信息的渠道，加强对突发事件发生、发展情况的监测、预报和预警工作。

（3）及时汇总分析突发事件隐患和预警信息，必要时组织相关部门、专业技术人员、专家学者进行会商，对发生突发事件的可能性及其可能造成的影响进行评估，预测发生突发事件可能性的大小、影响范围和强度以及可能发生的突发事件的级别；经分析评估认为可能发生较大、重大或者特别重大突发事件的，应当立即向上级政府应急管理有关部门报告。

（4）按照有关规定及时向社会公众发布可能受到突发事件危害的警告，宣传避免、减轻危害的常识，公布咨询电话，并对相关信息的报道工作进行管理。

（5）责令应急救援队伍、负有特定管理职责的人员进入待命状态，并动员后备人员做好参加应急救援和处置工作的准备。

（6）调集应急救援所需物资、设备、工具，完善应急设施和避难场所，并确保其处于良好状态、随时可以投入正常使用。

（7）加强重点单位、重点场所、重要部位和重要基础设施的安全保卫，强化应急防范和应急值守，确保安全稳定；加强交通、通信、供水、排水、供电、供气等公共设施的动态监管，细化工作措施，落实监管责任，健全24小时快速响应机制，确保安全、正常运行。

（8）及时向社会公众宣传有关采取特定措施避免或者减轻危害的建议、劝告；转移、疏散或者撤离易受突发事件危害的人员并予以妥善安置，转移重要财产；关闭或者限制使用易受突发事件危害的场所，控制或者限制容易导致危害扩大的公共场所的活动等。

延伸阅读

上海市值守应急规范标准

为进一步提高政府系统值守应急工作水平，上海市政府办公厅、市应急办在充分调研、论证的基础上，于2013年5月7日，上海市地方标准《政府系统值守应急管理要求》DB31/T699-2013（以下简称标准）由上海市质量技术监督局批准发布，经国家标准委员会备案，8月1日起正式实施。这也是全国首个政府系统值守应急管理地方标准。

该标准融合ISO9000质量管理体系理念。标准的体例设计和制定理念引入了ISO9000质量管理体系，体现了PDCA循环的管理思路。

全文由“范围、规范性引用文件、术语和定义、总体要求、值守应急管理、日常值守、突发事件应急调处置、值守应急信息报告、值守应急培训、值守应急工作场所选址和设施要求、检查监督和评估”共11章组成，每章由节和条组成，共38节88条。最后附值守应急管理工作评估表。

（一）首次提出建立值守应急管理体系的要求。标准依据全面质量管理理念，提出各单位要按照“坚守岗位、要情必报、反应迅速、安全保密”的工作原则和“信息报告及时准确、联络协调高效通畅”的管理目标，建立由值守应急管理机构、管理制度、管理人员、值守应急系统（包括场所和设施）等组成的值守应急管理体系。对值守应急管理手册、值守应急工作记录等体系文件，也作了一定规定。

（二）设立单位值守应急管理层次和人员的任职条件及职责。标准规定了单位值守应急负责部门应承担的基本职责；设立了“值守应急管理责任人、值守应急管理代表、值守应急管理人员、值班员”4个人员层次，明确要求各类人员应是单位在编在岗人员，并对其任职条件及职责作了规定。如对值班员，要求“宜经培训考核合格，熟悉单位组织机构、工作职能、流程和应急管理制度”。

（三）将日常值守和突发事件应急协调处置区别表述，互有呼应。标准分章规定了日常值守的常态性要求和突发事件信息处置时的动态性要求。日常值守应建立“24小时值守应急制度、值班安排制度、节假日值班制度、领导离沪外出报备制度、领导24小时轮流在岗带班制度、值班交接制度、值班检查制度”等7项工作制度，确保及时妥善处理各种情况；高度重视节假日、敏感日和应急处置期间3个重点时段，建立“突发事件预警信息响应、突发事件信息应急联动、突发事件信息协调发布”三大机制，做好非常态下的突发事件信息处置。

（四）探索建立值守应急管理工作检查评估制度。根据PDCA闭循环不断总结、持续改进的原则，标准设立了值守应急管理工作评估表，针对值守应急管理“体系文件、职责要求、日常值守、突发事件应急协调处置、信息报告、培训、场所选址和设施要求”等方面，提出了评估指标，要求各单位根据评估指标，每年开展一次自我评估，上级主管部门每年开展一次检查，不断总结改进提高。[①]

三、应急资源：储备与调度

应急资源是开展应急救援的基础，应急资源储备的充足程度是反映应急救援能力的重要指标。根据在突发事件处置中作用的不同，应急资源可以分为应急期间用来处置突发公共事件的专业应急物资、在突发公共事件善后阶段用于救济的基本

① 熊新光、张铭：《引入全面质量管理理念　助推值守应急标准化建设》，载《中国应急管理》，2014年第4期。

生活物资以及在平时应急预防过程中与人民生产生活息息相关的重要物资三大类。

(一) 应急资源储备中的突出问题

目前，我国应急资源储备方面存在一些突出问题。

1. 缺乏统一的灾害管理基本法律

我国目前已颁布《破坏性地震应急条例》、《防震减灾法》、《防洪法》，编制了《国家粮食应急预案》、《国家医药储备应急预案》、《国家物资储备应急预案》、《煤电油运综合协调应急预案》、《国家自然灾害救助应急预案》、《国家综合减灾“十一五”规划》、《国家突发公共事件总体应急预案》等系列法律法规，但尚无一个综合性、规范化的专门针对防灾减灾工作的基本大法，因此，需要制定《灾害管理基本法》等国家灾害管理基本法律，对资金筹措、灾害预警、救灾措施、物资储备、灾后重建等做出硬性规定，进一步完善灾害应急救援管理机制。

2. 应急资源储备机制不健全

中央、省市、区县各级政府救灾物资储备品种单一、数量少；中央政府救灾物资储备仓库一般布设在远离自然灾害常发区的经济发达城市，救灾物资运输距离远、时间长；地区救灾物资储备仓库数量少、规模小、档次低、管理差、储备不足，难以满足应急救援的需要和需求。

3. 应急资源信息系统未建立

许多救灾物资储备数据库和灾害数据库处于单机、封闭状态，不同地区及部门采用不同的技术体制，互通互联比较困难；缺乏救援物资的生产厂商、名称目录、货物类型、可供数量、运输路线等信息系统数据库，难以在第一时间调出可以提供的救援物资。

4. 调运机制不畅通

目前应急资源储备主要采用分灾种的灾害管理体制，易造成灾害应急资源管理分散无序，应急资源难以统一优化配置；灾区需求与政府、厂商等供应方的信息不对称，救灾物资调运往往呈被动、自发、无序状态，使救援物资难以发挥最大功效。

5. 指挥体系不健全

有些地方政府对防灾救灾工作关注度不够，没有建立起相应的组织领导机构，缺乏强有力的应急救援指挥体系。灾情发生后，往往临时从各部门抽调人员组建指挥队伍，而指挥人员缺乏应急救援基本素质及专业能力是救援不力或不当的重要原因之一。同时，在应急状态下对民用物资的征用办法、补偿措施等方面均没有统一的规定。①

（二）完善应急资源储备

鉴于以上几个方面的突出问题，做好应急资源储备工作需要完善相关机制建设。

1. 建立应急救援协调机构

由于历史原因，我国形成了各部门分别负责应急物资储备

① 谢代银：《强化应急物资储备，提高灾害救援时效》，载《科技导报》，2008年第26期。

管理的现状，打破这种应急物资储备管理部门负责、条块分割的现状，重新设立一个责任机构来统一负责所有各类应急物资的储备管理应该说是最彻底的解决办法。但要实现这一方案难度很大。因此，就我国的现状而言，较为适合的方案是建立应急物资储备指挥系统，实现现有物资储备系统之间的信息汇总与协调。建议在各级政府应急委员会下增设应急物资储备领导小组，作为应急物资储备管理责任机构。成员由发展改革、经济贸易、民政、财政、建设、水利、卫生、环保、安监、公安等有关部门组成。应急物资储备领导小组的主要职责包括：负责收集整理本级政府有关部门下属的应急物资储备点的物资购置、储备和管理情况，建立应急物资储备数据库，并定期更新数据；制定年度应急物资储备计划；与有关企业签订委托物资储备协议和生产能力储备协议，定期或者不定期对储备情况进行检查等。[①]

2. 统一规划，分类储备

中国地广人多、气候多样，不同地区的灾害类型和灾情各异，对救灾物资品种及数量的要求也不尽相同，而目前国家救灾物资储备尚无法满足各地对救灾物资多样化的需求。各地应根据当地地理位置、气候条件、灾害特点，在保障救灾物资种类齐全的基础上，对急需物资的储备有所侧重。不易长期保存或数量不足的救灾物资，应与相关厂商签订紧急采购合

① 张红：《我国应急物资储备制度的完善》，载《中国行政管理》，2009年第3期。

同，以便及时生产及调运。

3. 完善专项资金保障

采用国家划拨、地方资助、社会捐赠等方式解决救灾物资储备的资金。中央财政每年安排特大自然灾害救济补助金，并逐步提高救灾资金的补助标准，逐步建立起救灾资金自然增长机制。地方政府应设立专门的应急物资储备金，并动员社会力量建立灾害救助基金会等形式，筹集资金解决应急物资在购买、储备、补贴等方面的不足。

4. 整合市场与社会资源，形成合力

充分利用市场力量、社会资源，实现政府储备与社会储备、集中储备与分散储备、实物储备与生产能力、生产技术储备相结合，丰富救灾物资的形式和内容。灾害应急管理部门在搞好各级救灾物资储备库建设的基础上，应与有关部门、生产厂商建立良好互动关系，各有关部门、公司按协议进行物资储备，并负责日常救灾物资的保管；及时建立救援物资生产企业信息库，不断注入和更新生产厂家产品类别、供应能力、运输路线等信息，为及时动员、征用、调运、购买各类应急救援物资提供保障。①

5. 物资管理信息化

由于储备物资检测计量手段对技术要求较高，投入经费巨大，储备部门落实储备计划，实施储备管理时，往往只注重物

---

① 谢代银:《强化应急物资储备，提高灾害救援时效》，载《科技导报》，2008年第26期。

资的日常收发及质量管理，缺乏储备物资的随时监控，致使储备物资的数量、质量及适用性无法及时得到反映，制约了库存物资的信息采集和部门之间的信息共享。解决物资储备管理在信息流方面的问题，要积极开发研制信息系统，形成一个储备数据网上传递、储备现状动态反映、储备信息网上查询、保障能力准确评估，上下联动的储备物资管理信息系统。在突发事件尤其是大型突发事件发生后，应急管理部门要在物资储备库之外设立捐赠物资的处理网点，以及应急物资配送网点，网点的设计要充分考虑物流的便捷性，提高物资流通的效率。以美国为例，美国根据物资流通量的大小，将这种网点分为三类，并在立法中明确了各种临时物资储备站点和接收站点需要的基本设施。以法律形式对物资储备站点的设施加以规定，一方面可以使得建立临时物资储备有据可循，另一方面保证了物资储备库的物流资源充分，加快紧急物资的流转。同时，建立健全应急物资监测网络、预警体系和应急物资生产、储备、调拨及紧急配送体系。引入现代物流的方法、理念，管理应急物资的仓储，实现仓储管理自动化、信息化、机械化。调运机制保障。建立健全国家、地方及不同系统、领域的救灾物资共享、调拨、运输的联动机制，建立灾情反馈与物资供应的信息平台，确保救灾部门及时、快速了解灾情，制定切实有效的物资调运方案，保障救灾工作的有序开展。①

① 刘利民，王敏杰：《我国应急物资储备优化问题初探》，载《物流科技》，2009年第2期。

6. 加强人员培训

要加强救灾物资储备人员的培训，保证救灾物资采购、管理、调拨、使用、回收等工作的顺利开展。应重视建立一支具有专业救灾知识和物资调运指挥能力的应急队伍，并定期、不定期地开展对社会公众，特别是政府管理人员、应急救援工作者、志愿者进行专业知识培训。

四、应急教育：普及与宣传

应急教育普及与宣传是应急管理“预防文化”的重要组成部分，是提高风险意识和应急管理能力的基础和前提。加强应急教育体系建设意义重大，必须防止目前我国应急管理过程中重视政府应急能力建设而忽视全民应急教育普及与宣传的倾向。

（一）应急教育的宣传

应急教育普及与宣传的内容主要涉及应急知识教育、应急预案的宣传、培训、演练等日常管理活动。在应急知识教育中，应体现系统性、针对性和趣味性避免空洞说教。要全面宣传自然灾害、事故灾害、公共卫生事件和社会安全事件的预防避险、自救互救等常识，使公众全方位的掌握各种应急事件的应对之策。需要通过报刊、广播、电视、网络开设宣传教育专栏，多渠道、多形式进行应急管理法律、法规、规章、规划、应急预案以及防范、预警、避险等常识的宣传教育工作。[①]目前我国中小学教育课程设置中对应急知识的教育关注度不够，应急知识教育应逐渐拓展到校园教育当中。可以借鉴墨西哥政府对全国青少年实行地震灾害义务教育的做法，在幼儿园和大中小学校开设应急管理知识教育课程，广泛而经常地开展以村、社区为基础、家庭为单位的防范与救助工作，增强公众的安全意识，提高自救互救能力。在传授应急知识的同时，也要注意培养公众的操作技能，使公众学会操作一些防护设施，积累一些实战经验。[②]

同时，需要健全基层社区应急知识教育体系。通过专题讲座、召开座谈会、播放音像专题片、举行文艺表演、社会媒体宣传、课程培训、社区展示、社会演习等途径，对基层社区居民进行应急知识教育，健全基层社区应急知识教育体系。按照灾前、灾中、灾后的不同情况，分类宣传普及应急知识。尽量多开展“体验式”教育、“互动式”教育和全覆盖的“感官式”强化教育，还可以通过创建“学习型社区”，描绘与展望应急处置的社区共同愿景，来探索并创新基层社区居民参与式、常态化的应急科普教育体系。[③]

（二）应急预案的宣传

应急预案的宣传是加强应急教育的重要组成部分。应急

---

① 刘定文：《宣传普及应急知识任重道远》，载《湖南日报》，2008年5月30日。
② 姚迪：《当前突发事件应急管理宣传教育的思考》，载《中国应急救援》，2009年第2期。
③ 张小明：《社区应急科普教育要日常化》，载《光明日报》，2010年5月17日。

预案的各级各有关部门应当加强应急预案的宣传工作，充分利用媒体和各种宣传载体，广泛宣传应急预案。总体应急预案、政府部门专项、单项及保障应急预案简本可通过媒体宣传报道，并及时在政府及部门公众信息网上公布。区县(自治县)综合应急预案可通过当地媒体宣传报道，并及时在区县(自治县)人民政府公众信息网上公布。企事业单位、乡镇(街道)、村(社区)应急预案，应当充分利用广播、宣传栏、宣传画、标语口号等方式进行宣传。对现场应急预案，应当制作危险警示标志、疏散撤离路线图等宣传资料，免费发给相关人员和公众。

各级各有关部门(单位)组织需要及时编写应急预案操作手册和处置流程，编印应急预案宣传读本，确保相关人员熟练掌握必需的应急处置知识和技能。新闻媒体应当加强应急预案的宣传，及时公布应急报警和处置电话，宣传公共安全知识，提高公众防灾避险、自救互救的能力。

同时，应急预案编制部门需要采取多种形式，加强各级各类应急预案的培训。省、自治区、直辖市、区县(自治县)人民政府及部门(单位)应当将应急预案培训纳入公务员及公职人员业务培训考核内容，有组织、有计划地开展应急预案培训工作，增强安全责任意识，提高应急处置能力。各级各有关部门应当加强应急管理专业人员和应急救援人员的应急预案培训工作，定期组织开展应急预案培训，提高执行应急预案的能力。企事业单位、村(社区)要对全体职工(学生)、居民(村民)

进行应急预案培训，提高防范风险和自救互救能力。应急预案编制部门（单位）应当组织编写应急预案培训大纲、教材，切实做好应急预案的培训工作。

省、自治区、直辖市、区县（自治县）人民政府应急管理办事机构负责组织编制应急预案演练指南和工作计划，提出应急演练的组织与实施办法，指导督促开展应急预案演练活动。

应急预案编制部门（单位）应当按照应急预案管理办法有关规定，建立健全应急预案演练制度，制订年度计划并报同级人民政府应急管理办事机构。

省、自治区、直辖市、区县（自治县）人民政府应急管理办事机构负责组织编制应急预案演练指南和工作计划，提出应急演练的组织与实施办法，指导督促开展应急预案演练活动。

应急预案编制部门（单位）组织开展针对各种突发事件应急管理活动的桌面演练、专项演练和综合性演练，每年至少要组织开展一次应急预案演练。省、自治区、直辖市各区县（自治县）、市政府有关部门（单位）应择时组织开展规模较大的实战应急预案演习。重大活动应急预案编制部门（单位）在活动举办之前至少开展一次综合性实战应急演练。应急演练组织部门（单位）应及时开展演练评估，总结分析应急预案存在的问题，为应急预案修订提供依据。各区县（自治县）、市政府有关部门（单位）组织的综合性应急预案演练评估报告应以书面形式报省、自治区、直辖市政府应急管理办事机构。

延伸阅读

“最牛校长”如何做校园应急教育宣传

在“5·12”地震灾难当中,安县紧临着地震最为惨烈的北川,在周围的伤亡数尚在统计时,一个镇里的农村初中——安县桑枣中学的校长叶志平把2 200多名孩子们全部安全带到了家长面前,全校师生无一人伤亡,叶志平也被网友称为灾区“最牛校长”,他用他的智慧和责任换来了全校师生的生命安全。

叶校长上任之初就对学校的危房进行了加固和整修,从一楼的基础开始,一直到四楼顶上,每根柱子加粗20公分,所以在地震中才没有垮塌,建筑花了17万元,加固花了40万元左右。

叶校长在平时还制定了一套完整的校园“紧急疏散方案”,对疏散演习的每一个环节都做了一些规定。学校规定了每周二都是安全教育时间,还有每学期都有紧急疏散演习等等。对每一周的安全教育课都做了严格的要求,内容、备课、检查、考核都有严格的规定。应急疏散方案会跟着每次的演练过程中发现的问题不断总结、修改、升级。

比如说学校要求学生,一个队顺着这个楼梯不停地跑,不停地转圈,另外一队就顺着楼梯的扶手不停地围绕着转圈,两队同时出发,互不干扰。要求学校的老师,不管任何时候,最靠近楼梯间两边的那两个教室的老师一定要站在楼梯的口上面，注意上下楼梯同学的情形，这样就安全一些。这个疏散演习，有时候分教学楼，有时候分男生楼、女生楼，女生楼做的演习最多，收到很好的效果。①

---

① 资料来源：《网友眼中灾区“最牛校长”叶志平谈“责任高于一切”》，中国共产党新闻网，http://cpc.people.com.cn/GB/66888/66889/7347333.html。

第三章
应急响应与处置:快速有效

一般来说，决定突发事件破坏和影响程度的主要因素包括以下几个方面：一是灾害源(致灾因子)的破坏力，如台风的等级、洪水的水量等。显然，灾害源的破坏力越强，突发事件造成的社会损失和影响就越大。二是承灾体的脆弱性，如房屋的抗震等级，人们的自救逃生行动，以及突发事件的应急响应和处置等。在通常情况下，社会主体的脆弱性越低，应急响应和处置的能力越强，则突发事件造成的社会损失和影响就可能越小，反之亦然。换句话说，承灾体的脆弱性既包括常态管理中的漏洞，风险隐患的聚集和放大，也包括事件发生后的应急处置和应对。突发事件的最终影响范围和损害程度不仅仅由灾害源的破坏力决定，在相当大程度上，还由随后展开的应对处置措施的“成效”决定。当突发事件发生后，如果有关人员能够快速反应，正确处理，则能够在一定程度上减少其对公共安全的影响和破坏；相反，如果处理不当，则极有可能产生连锁效应，增大风险的破坏性，造成严重的社会后果和危害。因此，应急响应和处置就成为应急管理的一个核心内容和重要主题，需要我们高度重视和深入研究。在现实中，只有不断提高应急响应和处置能力，才能不断提高应急管理能力和应急实战能力。

一、指挥决策：统一高效

人们在享受现代社会，尤其是现代化特大城市带来的便捷、机遇和幸福时，也要意识到，现代社会本身就是一个高风险的聚集体。它的基本特征是经济发达、基础设施完备、信息化程度高、人口密度大，以及流动性高，社会要素高度集中。从安全威胁的可能性来说，这些物质和文化要素决定了特大型城市的突发事件具有明显的复杂性和扩张性。所谓复杂性，是指现代社会的各类要素集中，造成风险源增多，风险源之间的互动与影响关系复杂，使得不确定性社会风险的种类和数量相对于传统农业社会而言大大增加。正如乌尔里希·贝克所指出的："在生活的各个方面，我们可能不再认为传统的确定性是理所当然的。我们对传统的安全依赖得越少，我们所要面对的风险就越多。"[①]作为工业文明象征的城市，既

① 乌尔里希·贝克：《风险社会政治学》，刘宁宁等译，载《马克思主义与现实》，2005年第3期。

是现代化和全球化浪潮的焦点与连接点，也是环境恶化、能源危机、技术灾难、金融风暴、恐怖袭击、贫富差距等现代风险直指的对象，一旦内在支撑体系崩溃，就容易引发经济社会领域的“内爆”（implosion）。[①]另一方面，城市公共危机又具有明显的连续扩张性，即所谓的“多米诺骨牌效应”表现为某个风险源被激活形成危害，在其他因素的共同叠加下，危害的影响面会逐渐扩大，损失越来越严重，救援和处置难度提高，最后演变成大规模危机。

正因为这样的复杂性和扩张性，现代社会的突发事件往往表现为极强的“综合性”特征。所谓综合性，一是指事件影响的范围广、人群多。因为要素集中、人员集中，现代社会的突发事件容易引起连锁效应。如地铁轨道交通事故，不仅影响地铁上的乘客安全和地铁运营的秩序，还会影响城市交通的整体运营秩序、市民的出行和大型交通枢纽（如机场、火车站）的客流疏散等。正是这种特性，使得现代社会的风险管理的难度增大，处置的复杂程度升高。二是由于突发事件的影响范围广泛，由此涉及的管理部门、队伍和人员也往往呈几何级数增多。“集体行动的逻辑”就给不同部门和队伍之间配合、协作增设了许多障碍和难度，由此造成应急管理体系常常

① 内爆原本是一个物理学概念，指一种向内的聚爆过程。在内爆中，各种原本有明确外在界限的事物，其界限均告崩溃瓦解，事物消失于混乱和无序之中。这个词最初由加拿大传播学家麦克卢汉（Marshall McLuhan）引进到传播学中。法国后现代理论家波德里亚（J.Baudrillard）对其含义作了进一步的扩展，把它应用于对后现代社会状况的描述。这里是指现代城市的外在形态不断拓展，但内在结构在某种失序状态下发生紊乱，最终不是外向衰竭而是向内崩解。

不能快速反应和有效应对突如其来的危机事件。还以地铁轨道交通事故为例，所涉及的就不仅仅是轨交公司，在救援处置过程中还涉及公安、消防、安监、电力、建交委、交港局、卫生、民政等一系列部门。如果城市发生台风暴雨引发的突发事件，则涉及部门还要广泛。这些部门和人员之间要在时间约束的条件下有效合作，就需要统一高效的指挥系统。

《中华人民共和国突发事件应对法》第四条明确规定："国家建立统一领导、综合协调、分类管理、分级负责、属地管理为主的应急管理体制。"在突发事件应对处理的各项工作中，必须坚持由各级人民政府统一领导，成立应急指挥机构，对突发事件的处置实行统一指挥。各有关部门都要在应急指挥机构的领导下，依照法律、行政法规和有关规范性文件的规定，开展各项应对处理工作。突发事件应急管理体制，从纵向看，包括中央、省(自治区、直辖市)以及市、县地方政府的应急管理体制，实行垂直领导，下级服从上级；从横向看，包括突发事件发生地的政府及各有关部门，形成相互配合，共同服务于指挥中枢的关系。只有这样，才能保证整个政府系统步调一致，行动一致，构筑一道严密的防控网络。

以 2010 年上海世博会的应急管理为例。要统揽世博会期间的城市公共安全管理，就必须有整合型的组织架构，这个架构中需要包括国家级的安全机构(如公安部等)、中央驻沪有关机构、上海市各相关职能部门、上海周边省市等多层面多类型组织。图 3-1 所示的"同心圆"涉及三个层面的组织架构，都能达到“整合协调、集中统一”的目标。

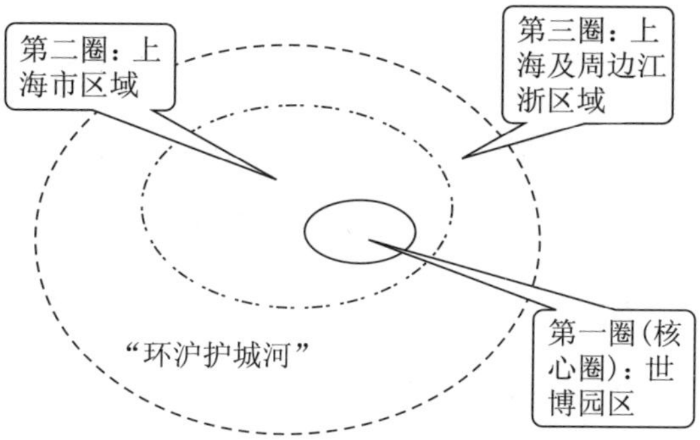

图 3-1 上海世博会指挥体系的“同心圆”

从中央层面来说，需要构建统领上海世博会安全管理的组织机构，以最大化动员各种相关资源和力量，开展统一、标准化的风险防控工程。这主要表现为“上海世博安保协调小组”的成立和“环沪护城河”工程的启动。协调小组由公安部副部长级官员担任组长，牵头负责宏观层面的安全保卫工作，其主体工程“环沪护城河”囊括国家安全部、交通运输部、总参谋部、武警总部、电监会、公安部和国家电网公司、中石油、中石化，以及上海、江苏和浙江等8省公安、交通、海事部门。该工程围绕强化情报信息、矛盾排查调处、重点人员和危险物品管控、入沪通道设卡安检、社会面治安防控、低空慢速小目标管控等方面开展工作，担负上海外围屏障和过滤功能。事实上，可以看到，这个外围屏障是世博会公共安全的重要基础和保障。

从上海市层面来说，依托上海市政府直线职能型组织体制，交通、卫生、公安、旅游等各委、办、局条线分工，加强联动，做好各项保障工作。世博会期间，上海市成立运行指挥部，统一组织世博会的各项工作，协调全市与世博会有关的各项事宜。指挥部分设五个工作小组：运行组、安保组、外事组、内事组和宣传组，分别负责世博会的运营管理、物资保障、安全保卫、外事接待、内事接待、新闻宣传等工作。其中，时任上海市委书记俞正声亲自担任安保组组长，形成强有力的领导机制。

在园区层面，设有世博运行指挥中心，实现一线扁平化管理。指挥中心整合片区场馆指挥、公众信息发布、信息综合、设施保障、物流中心、活动管理、礼宾接待、新闻宣传、通信保障、交通运营、卫生服务、气象服务、安保综合、出入口管理、军队、武警、消防、国家安全、技防监控、轨道安保等 27 个条线工作，实现全天候、立体式的实时监控、信息传递和风险排查，并负责突发事件的先期处置。在世博会举办期间，所有园区内发生的突发公共事件，都会在第一时间向这个指挥中心汇报，指挥中心根据电子化预案，一方面要求“片区”内的相关人员进行先期处置，一方面向上海市层面通报，或者向有关应急专家请求咨询和会商。同时，园区的应急指挥决策都在这个平台中酝酿和做出，相关决策人员都在这个平台上会商和“拍板”。这就从体制和机制上保证了应急处置的快速、明确和统一。

在现实操作中，为了保证政府和政府部门之间的横向和纵向分工、协作，实现应急处置的统一领导，需要注意三个“坚持”：

第一，坚持属地为主原则，确保属地政府指挥权，发挥上级政府发挥支持作用。根据《突发事件应对法》的属地管理原则，县级人民政府是其所辖区域应急管理的责任主体，对其行政区域内突发事件的应对工作负责。“突发事件发生地县级人民政府不能消除或者不能有效控制突发事件引起的严重社会危害的，应当及时向上级人民政府报告。上级人民政府应当及时采取措施，统一领导应急处置工作。”上述规定明确了应急状态下的危机决策权，即：在属地范围内，由属地政府负责；超出属地能力范围，由上级政府领导。

那么，当需要上级政府响应时，如何确定应急指挥权的归属呢？有人认为，既然是上级政府统一领导，那么指挥权当然也归属于上级政府。这是当前存在的一种认识误区，即将领导权等同于指挥权。实际上，领导的内容不但包括了指挥，还包括协调、沟通、激励、控制等。在应急状态下，属地范围事务的指挥权应归属于属地政府，属地之外事务的指挥权则归属于上级政府，各司其职、各行其责。上级政府此时对于属地政府起到的是支持作用，这种支持不能代替属地政府的应急指挥权，而只能根据属地政府的实际需求给予综合保障。

以2013年四川芦山地震为例，由于地震强度为7.0级，且发生于人口密集地区，依据《国家地震应急预案》，当时初判为特大级别，因此国务院作出了响应，李克强总理第一时间赶赴灾区，当天成立了国务院和四川省两个地震抗震救灾前方指挥部。需要指出的是，李克强总理亲赴灾区并非进行一线救援指挥，而是全面视察和了解灾情。国务院和四川省的两个前方指挥部也并非代替芦山、宝兴等县的属地应急指挥权，而是发挥支持和保障作用。李克强总理指出，“指挥部提要求，国务院给支持”，且一再强调，“下一步工作由四川省委省政府全面负责”，并于第二天就离开灾区返京。

在属地管理原则下，属地政府与上级政府之间应该分清职责，各行其道，有效配合。上级主要领导亲临一线更多的是展现领导能力和人文关怀，起到平抚社会情绪和安抚民众的作用，而不应该直接代替属地政府的现场应急处置。事实上，应急资源有效供给是有序救援的保障，上级政府坐镇后方，往往能更好地发挥综合协调职能，根据属地政府需求提供应急资源保障，确保应急处置工作的整体开展和协调推进。

第二，坚持科学决策原则，保证技术决策独立权，但保留行政最终决断权。应急处置是一项综合性工程，很多时候涉及专业性、技术性问题，并非一般性行政决策所能应对。在涉及专业救援问题上，有必要让有专业背景、经验和技能的指挥人员进行独立决策，以保障救援的科学性。与此同时，由于技术救援指挥人员所需考虑的问题仅仅是某个救援场景本身，无需通盘考虑整体灾害救援及其涉及的政治、经济、社会影响，因此主管行政部门可以就某个技术救援决策保留最终决断权，以系统性维护和提高整体救援的有序性。

在较大规模的灾害救援和处置中，通常会根据区域或情况设置若干现场指挥部，由不同救援队伍具体负责实施应急救援和处置。应当保持两类指挥部的相对独立性，各司其职。但保持两类指挥部的相对独立性，并不意味着二者没有交流，相反，需要充分加强二者的沟通，以及时获取灾情和落实总体救援部署。在加强沟通方面，除了会议、联络员等传统行政沟通手段之外，更应加强技术沟通手段的应用，特别是指挥通讯平台的使用。这一点在芦山地震救援中表现得尤为突出，四川省前方指挥部的第一项工作，就是通过直升机向震中几个县空投了卫星电话，第一时间建立起应急通讯，把前方的灾情及时传回指挥部。当然，为维护救援的系统性，总指挥部有权否决现场指挥部的决策，但此时所有责任应当由总指挥部负责。

第三，坚持本地为主的原则，维护属地统一调度权，外援力量服从属地管理。“一方有难，八方支援”是我国灾害应对的优良传统，应当继续发扬。但在灾害救援中，需要明确的是，支援不等于救援，救援力量并非越多越好，真正需要的是专业救援力量。在芦山地震救援中，前期的开展艰难，在一定程度上正是由于涌入灾区的非专业力量过多，其中包括政府的有关力量，造成了交通拥堵，以至于国务院办公厅不得不应四川省请求发布通知劝退和阻止非专业人员的进入，以维护救援秩序。当然，并非所有进入突发事件现场的社会力量都是非专业力量。在芦山地震中，具有丰富救援经验的民间救援队伍——蓝天救援队，15个省队联合救援，发挥了重要作用。但更值得研究的是，在外援力量参与时，如何对其统一调度，以保障救援力量分布的科学性？依据《突发事件应对法》，外援力量也须遵循属地管理原则，应服从属地政府的统一调度和管理。在芦山地震中，外援力量接受属地管理做得是比较好的，特别是“军队的救灾力量统一由四川省地震抗震救灾前方指挥部指挥和调动”，应当说是一种进步。

按照国际经验，第一时间抵达灾害现场的救援力量拥有指挥权，因为它对灾情的了解相对最为全面，其他后来和外援力量均需接受它的领导。通常而言，能够第一时间抵达灾害现场的都是当地的综合救援队伍，实际上就是消防队伍。芦山地震中，第一时间抵达现场并开展救援的也是芦山县的消防队伍。因此，在应急救援机制建设中，因此，在应急救援机制建设中，可以明确属地综合应急救援队伍作为统一管理外援力量的机构，统筹协调，以提升外援力量与本地力量共同、有序地展开救援。

二、协调联动：快速有效

加强以属地管理为主的应急处置队伍建设，建立联动协调制度，充分动员和发挥乡镇、社区、企事业单位、社会团体和志愿者队伍的作用，依靠公众力量，形成统一指挥、反应灵敏、功能齐全、协调有序、运转高效的应急管理机制。

(一)部门联动

在现代社会,特别是特大城市面临威胁的多样性、突发性、综合性甚至跨国性等特点,要求与事件相关的政府部门之间齐心协力、通力合作,充分发挥各自的力量,成功实施跨部门行动,共同完成应急处置。在这个过程中,既要确保条线部门的专业性,又要注重整体处置的协调性,两者不能偏废。没有专业性的保证,则应急处置难以顺利、科学开展,没有协调性的保证,则可能出现互相推诿、相互扯皮的问题,甚至工作之间不配合、不对接,造成更大的灾害和问题。

在我国目前的体制下,由于“条块分割”的惯性,条线部门之间,条线部门和地方政府之间,容易形成“烟囱林立”、“各自为政”的工作格局。这种惯性成为联合应急行动的一种障碍,制约甚至严重制约突发事件处置的时效性和实效性。要实现部门之间的协调合作,形成应对和处置突发事件的合力,需要注意以下几个方面:

一是理顺部门的职责范围,划清部门之间的边界。在现实中,部门之间推诿扯皮往往是由于职责不清、范围不明造成的。在职责体系中,有的规定比较模糊,有的多头管理,有的还存在管理缝隙,这就给突发事件处置中的有关部门提供了相互推诿的可能。遇到突发事件发生时,部门为了逃避责任,往往会表示“这不是我们处理的范围”,“我们无能为力”等。因此,在常态情况下,需要对部门职责内容和体系进行清晰地梳理，科学、明确地规定有关部门的管辖范围和对象。同时，根据突发事件的种类和可能出现的“情景后果”，针对特定情况制定有关部门的“职能矩阵”，明确在各类突发事件中各相关部门的职责、任务和要求。一旦突发事件发生，则有关部门必须按照职能矩阵和预案的要求，在职责范围内快速反应。

二是发挥突发事件指挥部的综合协调功能。根据国家应对突发事件总体预案以及有关专项应急预案的规定，在突发事件发生后，要快速激活应急指挥平台（如应急联动指挥中心），视情成立应急指挥部和现场指挥部。应急指挥平台根据突发事件的具体情况，以及有关预案的规定，协调调动有关部门赶赴现场、及时救援、调配物资等，迅速开展先期处置。应急指挥部成立后，一般来说，要视情成立抢险救援组、卫生救护组、后勤保障组、计划参谋组、舆论宣传组等分支小组，整合有关职能部门，协调调动各方面资源。各部门和小组在职权范围之内具有决策和指挥权力，但涉及部门、小组之间的配合、联动、协作，则必须上报指挥部门，由指挥部门进行总体协调和安排，重要资源分配由指挥部统一协调调动。

特别强调的是，在应对突发事件中，要坚持以国家和地方政府为领导核心的原则。国家安全部门、武装警察部队和军队总体上为国家和地方政府提供安全支援。当军队担负支援地方行动任务时，不论是参与指挥还是参与行动，其角色都是辅助性的。这有助于形成强有力的领导核心，以及开展综合协调。世界其他国家也大都有类似的明确规定，如俄罗斯政府规定，军地在城市地区实施联合反恐行动中，行动指挥员由内务部或联邦安全局领导担任，这是在总结莫斯科和别斯兰事件成功和失败教训后得出的结论。当然，如果发生国防安全方面的重大事件，军地领导指挥关系应按照国家要求及时转换。

三是注重开展多部门之间的联合培训和应急演练。在跨部门联动指挥机构的领导下，应围绕专项预案，定期组织有关部门进行联合培训和演练。可以设置有关情况，组织有关部门的指挥人员和应急管理人员进行沙盘推演模拟作业，一方面能够让参演和参训人员了解预案、熟悉预案，掌握本部门的工作职责和要求，另一方面还可以通过模拟演练的方式检验和完善预案，查找漏洞、补漏拾遗。更为重要的是，通过这种联合培训和演练，能有效增进部门之间的横向联系和沟通，加强应急管理人员之间的交流、合作，以利于在突发事件处置过程中更好地互相配合与合作。

例如，上海市于 2004 年建成全市范围内的应急联动指挥平台——“上海市应急联动中心”，为有效整合部门资源，快速实施先期处置提供了机制保障。从实际运行来看，应急联动中心的成效是显著的：一是有效整合联动单位资源。例如，针对夏季汛期可能发生因强对流和高温天气引发突发公共事件的情况，联动中心每年会同市气象局、市防汛指挥部通过手机短信平台，向各联动单位领导和联络员发布气象预警短信息，形成了气象预警信息发布的长效机制，使各联动单位能够及时做好相关处置准备工作。在一些强对流天气应急处置工作中，气象预警信息的及时发布发挥了重要作用。二是形成处置突发事件的工作合力。以2005年“麦莎”台风的处置工作为例。上海市气象局不间断将有关预警信息提供给各联动单位，充分发挥了信息源头的作用。接到预警信息后，联动中心立即做好处置突发事件的准备工作。考虑到受台风影响，会造成110报警数增多的情况，联动中心召开动员会，增开接警工位，紧急抽调民警加强接处警工作，确保110报警渠道畅通。各相关联动单位均紧急动员、周密部署、全力以赴、组织人员坚守岗位，形成了有效处置的工作合力。当时，受台风影响，上海市轮渡停航，部分群众被困渡口。联动中心立即启动预案，联系市交通管理局、武警总队，调集大客车在大连路和打浦桥隧道接驳群众过江，另开通复兴路隧道下层供非机动车通行，确保群众安全过江。

延伸阅读

2004年9月30日，上海市应急联动中心正式启用。建立上海市应急联动中心，是为了有效整合各类资源，构建起与上海战略发展定位相适应的城市应急联动体系，从而规范和加强对突发事件的处置工作，提升政府应急综合服务水平，提高政府处置突发公共事件的效率，控制并减少突发事件造成的危害和损失,更好地维护上海社会政治稳定和治安稳定,确保上海城市安全。其主要职责包括:(1)统一受理全市各类突发事件和应急求助的报警;(2)负责应急联动处置一般突发公共事件;(3)负责组织联动单位对重、特大突发事件进行先期应急处置并协助市政府组织实施紧急处置;(4)负责对全市应急联动工作的指导;(5)市人民政府授予的其他职责。

根据《上海市突发事件应急联动处置暂行办法》,上海市应急联动中心使用"110"报警电话号码,统一受理公民、法人或者其他组织对本市行政区域内突发事件的报警。市应急联动中心将突发事件和应急求助分为4个等级。依照突发事件、应急处置预案、处置流程的一致性原则,市应急联动中心接到110报警电话后,就立即启动相应等级的预案和处置流程。即迅速将有关信息传送至有关联动单位的指挥机构;有关联动单位的指挥机构、指挥人员及时指挥、调度本单位应急处置队伍和资源进行处置。处置完毕,立即向市应急联动中心反馈处置情况和有关信息,处置流程即告终止。

(二) 区域联动

在应急管理实践中,对于涉及多个行政区域的突发事件,建立区域应急联动机制非常迫切。在国外不少大城市的危机治理过程中,区域应急联动机制已经逐渐建立和发展起来,从而极大地提高了政府应对危机的能力。中国是个自然灾害等突发事件发生频繁的国家,尤其需要加强区域应急联动,有效应对各种跨区域突发事件。[①]

建立健全适合中国国情的区域应急联动机制，既是完善公共安全管理机制的重要内容，也是创新社会管理的重要举措。因此，有必要广泛借鉴吸收国外有关区域应急联动的经验和教训，从经济与社会的健康、安全、发展的现实需求出发，结合中国国情予以制度创新。

首先，健全区域应急联动的体系构成。公共安全的提高首先有赖于应急管理体制的健全，而一个完备的区域应急联动体系必须由要素、结构和功能组成。在构成要素上，必须建立政府、专家、社会三类主体构成的应急管理系统，即由政府首长及各职能部门、专家咨询人员、基层社会组织、群众团体、武装部队等相关主体构成。与此同时，应加强区域应急联动体系中各子系统的建设，通过完善城市公共安全法规体系、信息管理系统、专家决策支持系统、社会心理干预体系、突发事件心理防御体系、城市综合应急联动预案、企业危机处理机制等建设，实现区域应急联动能力的增强。

在组织结构上，区域应急联动机构的第一层次为区域应急管理委员会，由政府首长任委员会主任，其成员由相关政府部门和非政府组织以及各方面专家学者组成；第二层次是各地应急管理办公室，是区域突发事件应急管理的重要组成部分，具体实施本地区应急管理职能；第三层次为各地方政府的专业部

---

① 汪伟全:《突发事件区域应急联动机制研究》,载《探索与争鸣》,2012 年第 2 期。

门，包括公安、地震、医疗、防疫、农林、环保、安监、交通、电力、城管、水利、电信、气象等，这些部门除了履行日常业务管理职能外，均应承担起各自业务范围内应急管理状态下的相应职责。

在功能作用上，本着“集中指挥、统一调度、信息集成、资源共享、专业分工、分层负责”的原则，健全区域应急联动的基本职能:一是危机监控与处理职能，履行灾情预报、预警分析、危害评估、应急指挥、工程建设、社会宣传的职责；二是资源整合职能，将区域内各地的资源统筹规划与管理，满足各方面的需求，以便在处置突发事件时调配与使用；三是服务功能，旨在减少直接危险、拯救生命、保护财产、控制形势和恢复正常状态；四是信息公开功能。一方面在危机之前教育公众，帮助他们为可能出现的危机事态做好准备。同时，在危机发生的时候，向公众传递重要的信息。另一方面，在应急管理过程中，为整个管理系统提供及时、准确的各类信息。

其次，完善区域应急联动的运行机制。在运行机制的设计上，至少应解决三个难题：一是统一指挥和属地管理。区域应急联动指挥中心负责整个区域系统的指挥调度，区域指挥中心和各个子系统指挥中心按照职能和应急预案的规定行使相应的统一指挥权。各地应急管理办公室和专业职能部门则依据属地管理的原则，按照应急种类的不同来实施应急救援，提供应急支持和相互协调，并对其行动负责。

二是上下对接和区域互连。考虑到可能发生的区域性紧急事件和社会危机，将会产生跨区域应急救援和信息共享需求，区域应急联动机制建设应着重考虑上下对接与区域互连问题。一方面，区域应急指挥中心应实现与国家、省以及有垂直领导关系的部门相应的指挥中心联动，保证在通讯网络、信息网络和资源网络上的互通；另一方面，实现整体联动是指区域内不同部门或机构进入应急状态后，必须保持相互联络与相互协调。

三是广泛参与和合作共治。有效的应急管理需要政府、企业、民间组织、社会公众、乃至国际社会等多元主体的共同参与和相互支持。在强调政府主导作用的同时，最大限度地调动社会资源，拓宽社会参与渠道，形成全民动员、集体参与、上下联动、网络应对的综合治理格局。

最后，提高区域应急联动的技术水平。技术水平首先体现在管理层面上。区域应急联动机制建设的关键，在于日常管理体系与危机处理系统这两大平台的整合与统一。关键是在平时即建立应急指挥系统，制定管理制度，明确责任分工，并参照应急预案定期进行演练，在突发性公共安全事件发生时迅速转入“全日制”工作，对事件的应对实施强有力的指挥保障。

（三）社会联动

《中华人民共和国突发事件应对法》第六条明确规定：“国家建立有效的社会动员机制，增强全民的公共安全和防范风险的意识，提高全社会的避险救助能力。”这说明，在突发事件中，建立覆盖广、层次多、动员强的社会联动机制，整合政府、市场、社会等多方面资源，是防范危机、减少损失、成功处置的重要保障。

应该看到，现代社会中突发事件的应急管理，其实是资源的有效积聚与不同利益群体之间博弈的过程，在巨大的危机和挑战面前，一个国家、一个民族、一个社会是否有力量，能否摆脱危机、有效地应对挑战，不仅取决于防御机制、资源状况、社会成员的素质，而且取决于是否具有完备的社会动员机制。在危机面前，有效的社会动员是形成国家、民族和社会整体力量的重要条件。有效的社会动员，能够将社会的人力、物力、财力等各种有用资源发动起来，形成有生力量；没有有效的动员，各种社会资源处于潜在分散状态，不能形成现实的有生力量。因此，建立强力有效的社会动员机制，是应对突发事件的重要途径。①

要实现全方位的社会联动，不能够仅在突发事件发生时凭政府的行政权力来进行，或者靠社会组织的自觉性来开展。相反，为了保证社会动员的时效性、有效性，必须建立一定的管理机制。这主要包括：

第一，建立常态互动机制。应该明确，政府拥有强大的行政能力和资源动员能力，现阶段在我国社会组织还未成熟的现实条件下，政府仍然是突发事件治理中的权力核心。因

① 郝晓宁、薄涛：《突发事件应急社会动员机制研究》，载《中国行政管理》，2010年第7期。

此，突发公共事件不是一个完全市场化、社会化的治理事务，也不是仅凭社会力量可以消解的过程，政府的协调与控制是实现多元治理的首要前提。在这一前提下，政府需要主动寻求与社会组织建立联合治理的格局，同时社会组织也要积极地探寻与政府协作的途径，填充政府传统治理中及权力回撤后出现的真空，主动回应公共服务领域中出现的治理结构的转型。在此过程中，社会组织一方面自发地展开工作，另一方面需要得到政府的“委托赋权”。因此，有效的突发公共事件治理必然是政府有选择的退却，社会组织有选择的进入，二者相互信任、相互支持、相互依赖，开展多种契约性、制度性的联合，建立良性、友好的伙伴关系才能实现对突发公共事件的有效治理，为应急管理社会动员提供动力保障。

第二，提高社会应急能力。各种社会组织参与突发公共事件治理本身就是对自身形象、影响力和能力的重要检验，在突发公共事件中，平时很难察觉到的某些缺陷和不足会暴露出来并更加明显。比如，社会组织自身的“志愿失灵”、组织化水平不高、参与较为无序、应急教育和训练不足等。因此，要有效发挥各种社会组织在突发公共事件治理中的应有作用，需要大力加强其能力建设和制度建设，形成良好的募捐系统、动员系统、财务管理系统、人力资源与政府及公民的沟通和公关能力、管理和控制能力等，并在此基础上建立完整的突发公共事件应对机制。通过一定的制度和程序设计，使社会组织应对机制具有良好的决策系统、清晰的工作流程、有力的社会动员能力和完善的监督机构等要素，为应急管理社会动员提供应有的机制保障。

第三，建立参与治理机制。社会组织是公民基于共同信仰或利益而自愿结成的社团，它在应急管理活动中，使社会个体之间的平等互惠精神和社会责任感得到进一步培养，人们之间的相互信任和理解得到进一步加深，它所体现的团结合作、公益精神对于社会文明的发展具有着重大作用。但在我国现阶段，由于社会组织理念还不为大多数人所熟悉，尤其媒体对它们的宣传不够，使得各种社会组织的活动透明度不高，容易遭到公众的猜疑和不信任，很容易导致组织解体或者停滞。这就要求社会组织必须进行合理、明晰的制度设计，明确各自在应急管理事务治理领域的权利、责任与义务，以保证其参与应急多元治理的科学性与规范性。与此同时，政府也要依法对各种社会组织进行规范、监督和管理，加紧制定与完善结社法、行业协会法、商会法、社会团体管理法、民办事业单位管理法、基金会法等，在法律上对社会组织参与处理突发公共事件的行为加以规范和保障。

三、处置方法：科学专业

突发事件是指突然发生的，造成或者可能造成严重社会后果的自然灾害、事故灾难、公共卫生事件和社会安全事件。

可以说，应急管理的主要目标就是避免和减少突发事件给社会和社会成员造成的伤害甚至灾难。因此，面对不同的突发事件，需要运用不同的流程和方法。这其中的基本原则包括：

（一）快速反应

突发事件的时间紧迫性很强，延误时间往往就延误处置时机，给后续的救援和处理造成更大的困难。因此，突发事件的第一时间反应和处置特别重要。第一时间指发生事故后的一段时间，一般来说，通常以不超过 1 小时为佳。由于最先抵达现场应急的是事发地人民群众和基层党政领导，县级以上应急管理工作人员相对较晚。为保证“第一时间”反应需要，应急值守人员和应急处置人员手机必须 24 小时开机。

接到指令，应急处置人员无论在工作还是休息，不管是白天还是深夜，必须迅速前往，并按领导要求做好四个方面的协调工作：一是电告有关部门启动相应等级应急预案，确认并记录（应急值守人员已通知）有关部门、有关单位前往现场领导；二是立即携带设备（手提电脑、相机等）赶往指定地点随同领导赴现场；三是提醒或确认下级政府是否已控制肇事单位法人、冻结肇事单位（或业主）资金、进行现场警戒或交通管制（疏道）等；四是随时（尤其途中）准确传达（或记录）领导指示，确保现场救援及时有效。

对于已经造成或可能造成人员伤害的突发事件，有效时间救援尤为关键。所谓应急救治有效时间，医学上有“白金 10 分钟”（主要指现场紧急包扎、人工呼吸等）和“黄金半小时”

（尽可能30分钟内，在现场或急救车上对危重伤员进行急救）之说。因此，要随时关注和提醒医疗机构用好“白金10分钟”，把握“黄金半小时”。如2006年我国某地发生的一起交通车祸事故中，车载50人，翻落桥下当场死亡22人，送医途中亡7人。如果事故现场未紧邻当地肿瘤医院和迅速送达附近的大型医院，可能死亡人员还会增加。①

2009年6月27日，上海闵行区“莲花河畔景苑”小区在建楼房发生整体倒覆事件，引起社会各界关注。在此次事件处置过程中，上海市和闵行区两级党委政府的应急处理比较到位，主要表现在以下几个方面：一是事故发生后，上海市主要领导迅速作出批示，要求有关部门和专家立即组成联合调查小组，彻底查清事故原因，从规划、施工许可、招投标、资质管理、施工图审查、工程监理等各个环节逐一审查，并依法公开严肃处理。市领导还及时赶赴现场，组织抢险和善后处置。二是事发当天，闵行区政府即通过居委会人员入户、高音喇叭呼号等方式，将事故楼盘附近居民疏散到上海罗阳小学休息，提供食品和医疗保障。当天下午将120户居民安排到由政府提供的3个宾馆，另有12户自行解决住宿问题。28日下午，专家组正式确认罗阳七村房屋没有隐患，有关部门逐户做好居民水、电、煤安全检查工作。19时30分，住在宾馆的居民全部回到各自家中。三是工程抢险方面，27日起，以上海建工

① 罗世友：《综合协调处置突发事故灾难事件应注意把握的几个问题》，载《中国应急管理》，2009年第3期。

集团为主体的抢险施工队日以继夜抢险施工。上海市建设和交通委员会、市水务局和闵行区政府全力做好事故现场相关建筑和管线的检测、堆积土方卸载、航道管理、防汛墙修复等工作。到7月3日，莲花河畔景苑抢险工作结束，导致倒楼的10米高堆土被推成平地，消除了后患。可以看到，正是对突发事件的高度重视，以及快速、有效反应和应对，为事件的妥善处置奠定了坚实的基础。

（二）以人为本

《国家突发公共事件总体预案》明确规定，应急处置的工作原则包括“以人为本，减少危害”。即切实履行政府的社会管理和公共服务职能，把保障公众健康和生命财产安全作为首要任务，最大程度地减少突发公共事件及其造成的人员伤亡和危害。“以人为本”的理念就是在应对突发事件的过程中，把人的生命放在高于一切的地位，把“人”置于应对突发事件时的核心地位，把保障公民生命安全作为应急处理的首要任务。处置紧急突发事件，如遇“人”和“财产”同时处于危险，首先考虑的是人的生命。

突发事件由一系列复杂的原因产生，往往具有突发性、短暂性和严重的社会危害性，极易对公民的权利造成严重的侵害。其危害性在宏观上表现为对国家的经济甚至是政治秩序造成严重的破坏性影响，在微观上则表现为对作为社会关系最小单元的公民权利的侵害。在一定的外界条件下，突发事件可能会进一步恶化，发展成为最为严重的危机，对公共财产、公共安全和公共秩序造成毁灭性的破坏，并最终导致公民基本权利的减损。而人的基本权利是人作为构成社会整体的自律的个人，为确保其自身的生存和发展、维护其作为人的尊严而享有的权利。因此，在突发事件中，维护基本权利是公民作为人的本能的需要。而公民在突发事件面前是极为弱小的，其避免和减少突发事件对其权利造成侵害的唯一办法就是得到国家的帮助。通过国家权力超出社会常态的行使，集合各种人力、物力和资源优势来与突发事件相抗衡，以最大限度地保障公民的基本权利。①从“以人为本”原则的内涵上看，它为国家应对突发事件设定了义务，要求国家在突发事件中从维护公民的基本权利出发积极地行使权力，这正是国家权力的一种价值体现。可见，国家在突发事件应对中坚持“以人为本”的原则，将维护公民的基本权利作为其权力行使的根本出发点，是宪法秩序下公民基本权利对国家权力的一种必然要求，也是国家权力行使的正当性的体现。

2008年汶川发生地震后，胡锦涛总书记立即作出重要指示，要求“尽快抢救伤员，保证灾区人民生命安全”。温家宝总理在赶往灾区的专机上说：“党中央国务院高度重视这次特别重大的地震灾害，成立了以我为总指挥的抗震救灾指挥部，设立救援组、预报监测组等8个工作组。”消息在第一时间迅速通过媒体传递给全国公众。与此同时，总参谋部的应急预

① 王祯军：《论“以人为本”原则在突发事件应对法中的体现》，载《大连理工大学学报（社会科学版）》，2010年第12期。

案立即启动，成都军区所属部队协助地方政府查明震情，按照应急预案投入抢险救灾。国家地震局派出的专家、救援队工作组赶往灾区。四川省地震灾害紧急救援队赶往灾区，一份份发自党中央和中央军委的命令、电报、指示，一场场争分夺秒拯救人民群众生命的殊死决战，生动地记录下党中央、中央军委和胡锦涛主席心系灾区群众，一切为了人民，指挥13万大军不畏艰险、奋力救灾、共克时艰的伟大壮举。这次汶川地震，从国务院抗震救灾总指挥部到国务院新闻办公室，从中央各部委到各省区市，应急机制都在全力高速运转。应急预案迅速启动，速度之快，彰显了我们应对灾难的能力，也增强了公众战胜灾难的信心。中国政府和各界出色的应急救灾行动和灾区的秩序井然让世界赞叹。

（三）科学妥善

在现代社会中，突发事件往往具有复杂性特征，具体处置过程中需要遵循科学规律，运用专业性知识，不能贸然行事，也不能“拍脑袋”决策。事实证明，坚持科学发展观，发展要讲科学，对不利发展、妨碍发展的各类突发事件的处置也要讲科学。例如，2008年12月5日，山西省临汾市洪洞县新窑煤矿发生的特大瓦斯爆炸事故，共造成105人遇难，伤亡惨重，损失巨大。该矿超层越界、非法盗采，违规作业、以掘代采，管理混乱、严重超员，事故发生的本身就是不讲科学造成的。事故发生后也没有遵循科学原则，盲目组织37人在没有任何防护措施的情况下下井冒险抢救。由于错误决策，违章指挥，造成次生事故，致使其中 15 人遇难，扩大了事故死亡人数。这种蛮干胡来处置突发事件的教训是非常沉痛的。

突发公共事件往往原因复杂、影响面广，对它的处置涉及多个行业、多个学科、多个领域的知识、技术、经验和方法。比如，发生危险化学品泄漏、放射性物质释放、火灾、爆炸、人员中毒和辐射伤害、污染环境等事故时，应及时组织撤离或采取措施保护危害区域内的人员，并对受伤人员紧急救护。有关部门要迅速控制危险源，针对事故对人体、动植物、土壤、水源、空气造成的现实危害和可能产生的危害，迅速采取封闭、隔离、洗消等措施。这就涉及公安、消防、劳动卫生、环保等多方面的知识、方法和技术。作为负责指挥处置此类突发事件的主管领导，即使知识面再宽、经验再丰富，也不可能做到样样精通。有相关方面的专家参与决策，提供咨询，就能对此类事件进行科学地处置，将危害和损失减少到最低限度。

为此，在制定处置各种突发事件的预案时，就要首先认真听取专家的意见，使处置预案更加科学。其次，组建应急管理专家库，形成强大、持续和坚实的智力支持。这样，一旦有事才能“召之即来，来之能战”。其三，有关单位的专家不能只有一名，专家库也要有“后备名单”。如果有事时“正式名单”内的专家不在，“后备”专家随时都能顶上。此外，将专家进行相对固定的分组管理是必要的，但要做好根据突发事件的具体情况进行临时调整组合的准备，以适应处置各种复杂性事件的需要。

四、 信息传递：畅通有序

“信息”一般被称为音讯、消息，是通讯系统传输和处理的对象，泛指人类社会传播的一切内容。人通过获得、识别自然界和社会的不同信息来区别不同事物，得以认识和改造世界。在一切通讯和控制系统中，信息是一种普遍联系的形式。

信息是应急管理的重要保障和决策基础，也是应急决策和指挥的主要形式和载体。没有准确、及时、全面的信息传递和信息管理，应急管理体系就难以有效、协调和科学运转，应急管理决策就难以快速、科学做出。

应急信息管理是指以突发事件应急管理的全过程为基础，利用相关信息技术和方法，进行应急管理和决策所需信息的需求定义、收集、传递、处理、存储、传播和利用，从而为应急指挥决策机构、政府职能部门和广大公众提供足够、高质量的信息服务，以便有效地开展应急管理，合理规划突发事件应急管理体系和应急管理平台的建设。

总体来说，应急信息管理主要分为对内和对外两个部分，对内主要是应急管理体系内部的信息交流、共享，对外主要是应急管理体系与社会之间的信息交流和共享。

(一) 内部信息管理

内部信息管理是应急管理体系为了应急管理的需要，对突发事件信息进行定义、收集、传递、处理、存储、传播和利用的过程。 内部信息管理主要包括信息上报、信息汇总、信息分析和指令下达。

1. 信息上报

一是把握信息上报的时效性，做到迅速高效。 时效性是突发事件信息的生命，也是信息编报的首要原则。 对此，相关法律、法规和各类突发事件应急预案都有明确规定。《中华人民共和国突发事件应对法》第三十九条规定:“有关单位和人员报送、报告突发事件信息，应当做到及时、客观、真实。”《国家突发公共事件总体应急预案》第 3 章第 2 节明确规定:“特别重大或者重大突发公共事件发生后，省级人民政府、国务院有关部门要按照《分级标准》立即如实向国务院报告，最迟不得超过 4 小时，同时通报有关地区和部门。 应急处置过程中，要及时续保有关情况。”

《上海市突发公共事件总体应急预案》规定:一旦发生重特大突发公共事件，各应急机构、事发地所在区县政府、职能部门和责任单位必须在接报后 1 小时内分别向市委、市政府值班室口头报告，在 2 小时内分别向市委、市政府值班室书面报告，特大、特殊情况必须立即报告。 这些都充分说明，突发事件往往事发紧急，信息报送容不得半点延迟。

二是把握真实性，做到客观准确。 每个负有报送、报告责任的相关单位和人员都应当掌握真实，真正做到“三个到位”、“六个清楚”。“三个到位”即核实要到位——要通过直接或间接的方法、方式询问了解核实信息的真实可靠性，以确保信息的准确无误；分析要到位——要对采集到的所有信息去粗存精、去伪存真，科学判定并梳理成为有价值的可供领导决策参考的有用信息；表述要到位——对核实、分析得来的信息认真思索，用言简意赅的语言表述准确，使阅读者一目了然、及时判定并决策。“六个清楚”即对突发事件发生的时间、地点清楚；突发事件信息来源清楚；突发事件的起因和性质清楚；突发事件的基本过程和已造成的后果及影响范围清楚；突发事件的发展趋势和已采取的措施清楚；下一步工作建议清楚。

三是把握标准性，做到轻重缓急。首先要认真学习领会突发事件的科学含义，准确把握获取的突发事件是否是突然发生，是否造成或者可能造成重大人员伤亡、财产损失、生态破坏和严重的社会危害，是否危及公共安全等，从本质上把握突发事件信息是否报送的第一关。其次，要认真学习领会并严格把握突发事件信息研判的标准。目前，我国突发事件信息研判依据的标准有《国家突发公共事件总体应急预案》、《特别重大、重大突发公共事件分级标准》（试行）以及地方制定的相关标准。只有把这些研判指标了如指掌，才能使信息报送工作既得心应手、准确及时，又不牵扯决策者过多的工作精力，更不影响重大、特别重大突发公共事件的正确及时处置。

四是把握灵活性，做到快速便捷。信息报送的方式和途径多种多样，编报责任人一定要正确把握。一般来讲，信息报送的方式有当面口头报告、电话报告、手机短信报告、书面报告等。至于采取哪种方式和途径，要根据实际情况而定，不能千篇一律，更不能呆板教条。对于重大事件，且尚未掌握翔实资料的情况下，应先电话或口头当面汇报，当了解正式情况后，要编辑书面信息，及时报告。对于涉密信息，坚决不能采取电话或手机短信报送，应采取当面口头报告或书面报告，以防止泄密事件的发生。

五是把握连续性，做到善始善终。对于较大以上突发事件要随时跟踪进展情况，掌握最新动态，及时报告决策者，以便决策者及时采取有效针对性措施降低危害、缩小影响。要连续关注较大以上突发事件动态，适时对外发布真实科学的信息，已达到正视听、稳民心的目的。对于较大以上突发事件，一般要有初次报告、阶段报告、总结报告，对于危害和影响较大的突发事件要连续编报事件最新动态。初次报告应可能报告事件发生的时间、地点、单位，事件的危害程度、死亡人数，事件报告单位及报告时间，报告单位联系人员及联系方式，事件发生原因的初步判断，事件采取的措施及事件控制情况等。阶段报告既要报告新发生的情况，也要对初次报告的情况进行补充和修正。总结报告要报告终结性的鉴定结论，对事件的处理工作进行总结，分析原因和影响因素，提出今后对类似事件的防范和处置建议。[①]

2. 信息汇总

其主要是应急联动指挥中心和其他类型的指挥平台在下级政府和条线部门信息上报的基础上，综合、汇总有关信息，并核实信息的准确性，对突发事件的时间、地点、规模、影响程度、人员伤亡情况、可能发展态势等信息进行全面梳理，以作为开展先期处置和应急响应的基础。

3. 信息分析

突发事件应急信息只有在经过加工、分析后，才能使信息从不可用变为可用、从低可用变为高可用、直至使信息转换为应急决策的知识。一般来说，应急信息研究者都是某个领域的专家，具备较强的相关专业知识以及信息分析、处理能力，可以说是危机决策者的智囊团，他们对应急信息进行深度加工提炼，经过分析、评价、研究、综合和推理，形成针对性强、可靠性高并带有预测性的判断、建议、方案或背景。应急信息分析研究要围绕热点、难点、焦点问题进行，注意带有倾向性、苗头性问题，深入挖掘信息内涵，坚持实事求是，喜忧兼报，为政府应急管理及时提供预警。专家们通过对汇聚的应急信息进行统计分析、数据挖掘以及模拟仿真等，可以得出能够辅助决策者进行决策的信息。比如对于毒气扩散突发事件，他们可以利用数学模型模拟得出毒气扩散的范围和危害程度以及疏散人员最优路径等信息。

① 侯耀生:《突发事件中信息报送工作需注意把握的几个问题》，载《中国应急管理》，2011 年第 8 期。

4. 指令下达

是指拥有指挥权力的部门和个人向下级和有关处置人员下达行动指令，是一种从上至下的信息传递。指令下达是应急信息管理的重要内容，是应急管理的一种基本形式。指令下达要注意的事项包括：一是科学、准确。下达的指令是应急决策的结果，会直接被付诸实际，变成应急行动，因此，指令必须科学、准确，不能随意“拍脑袋”；二是合法、合规。指令下达必须在指挥者的权限之内，以法律授予的权力为基础，不能越权、越职下达指令。同时，要坚持“属地管理”原则，不要直接干预和决策属地政府职权范围内的事务。

（二）外部信息管理

外部信息管理是应急管理体系通过广播、电视、网络、报纸等媒介同社会大众之间进行信息沟通、交流、互换的过程，主要包括信息发布、信息收集等行为。高效和有序的外部信息管理是成功处理紧急事件的必备条件之一。要做好外部信息管理工作，需要注意以下几个方面：

首先是准备周密。突发事件具有很强的突发性，制订应对计划的时间非常有限，因此高效的信息发布关键在于突发事件发生前的准备工作。应急管理部门需要指定专人，平时观察有可能演变成灾难或灾害的现象和趋势，收集和分析相关资料，并建立数据库，以制定通信战略，防患于未然。应急管理部门应组建专业团队，承担相关职责，针对不同紧急事件制订应对方案，设定信息传播方式、目标和媒介。其中，新闻发言人是重要对外发布的重要主体，平时应接受训练，学会如何与媒体打交道，以及满足公众对紧急事件信息的需求等。通过平时的工作，应急管理部门与媒体之间形成一种相互信赖的关系，将负责报道突发事件记者的联络方式和报道需求记录在册，以便在危机发生时与其形成良好互动和合作。必要时，应急管理部门还需要事先设立媒体中心，为突发事件报道提供基础设施。

其次是建立权威渠道。突发事件发生后，应急管理部门的媒体官员要随时准备回答公众和媒体询问，尽量提供真实和全面的信息。例如，在美国，由于媒体网络发达，经常可以不依靠官方而自行采写和发布报道，因此官方意识到参与媒体报道的重要性，往往快速、及时发布有关信息，表明自己的立场，确保公众不受错误信息影响。如果对一些问题避而不谈，在很大程度上会引发猜疑和谣言。在具体实践中，突发事件一旦发生，美国官方立即掌握信息发布主动权，派遣媒体官员前往灾难发生地举行新闻发布会，以免公众和媒体从其他渠道寻求信息。除了媒体官员，相关部门负责人也到场，在媒体面前亮相，以增强公众对政府的信任，也显示官方应对紧急事件的严肃态度。随后，应急管理部门一般会在事发地设立24小时媒体中心，负责发布新闻、澄清谣言、收集信息和发送简报。根据美国资深公共事务和传媒专家、前任政府发言人苏立文处理危机的经验，媒体官员要在尽量短的时间内判断基本事实，对外公开已知并经核实的信息，但不能根据道听途说妄加猜测。如果对一些情况不了解，“此事尚在调查中”是最好的回答。除了负责发布和更新信息，媒体官员通常还会参加紧急事件决策，并监督媒体报道是否正确。此外，他们还会建立紧急事件管理网站，及时公开新闻稿、声明和情况介绍，以确保公众有更多渠道了解灾情。另一方面，媒体官员也会向其他政府机构官员通报紧急事件，提醒他们避免对外透露不适当的言论。

最后是自我校正。在突发事件发生后，媒体官员需要建立一个评估小组，评估应急计划的有效性和公众反应，以便发现失误，寻求修正方案。此外，向公众发布突发事件发生规律和应急常识，提高公众应急意识和能力。

例如，在上海莲花河畔景苑倒覆事件中，上海市政府和闵行区政府在事件发生的第一时间公开事件初步信息，表明政府的基本原则和态度，起到了良好的社会效果。在事件处理期间，闵行区政府实现了每天发布信息，并预告后续信息发布日程。在事件的每一个关键截点都有信息发布，这样可以满足媒体、公众的信息需求，特别是为业主提供稳定的心理期待和有效的决策依据。

五、应急保障：全面有力

处理突发事件，无论是早期接待，中期理赔，还是后期总结，都要以经费作强有力的支撑。在实际处置中，至少要注意以下三点：

第一，先期垫付不扯皮。指挥部成立后，善后工作展开就涉及经费，特别是牵头部门第一件事就会提到经费问题。这时就要认真加以协调，确保资金及时到位。一般而言，从三个方面筹集，即政府应急财政预备费预支一部分，参加保险的由保险公司垫付一部分，事故单位（法人）预付一部分。

第二，限期划拨不拖延。经费不到或资金不足都将影响处置进度，一定不能因此影响各方关系，特别在本行政区外处置时更应引进重视。因此，严格时限显得非常重要。通常要求垫资方按“四指定”（指定时间、指定金额、指定银行、指定账号）划款。赴外省处置时，为增强互信和相互监督，还应对指定账号实行双方签章，即两省市有关部门各一人共同盖章方可取款，以有效避免不必要纠葛。

第三，末期支付不随意。赔偿协议达成后，负责安抚工作的人员要给死者家属反复讲清继承顺序、各自份额，以免家属内部在分配上出现问题。支付大额现金要使用银行卡，以防现金被盗或丢失。银行卡交由有完全民事能力的死者直系亲属保管（父母双亡的未成年人要委托监护人保管），要严防非直系亲属领走赔付金。

例如，在2010年上海世博会举办中，世博会的组织者们懂得，世博会的公共安全不能仅依靠政府和军队，更重要的是全社会的动员、参与和配合。第一层面，加强与全体市民的真诚沟通，赢得全社会对申博、办博的理解与支持。如时任上海市委书记俞正声同志多次接受新闻媒体专访，坦诚谈及世博会各项准备工作中的困难和问题。2009 年 7 月，他在接受凤凰卫视专访时表示，上海世博会时间长、人数多，对“平安、快乐”带来了挑战，组织者会想方设法保证世博园区的有序运行，让游客平安入园，快乐观展。他号召广大市民都行动起来，以实际行动做好世博会的东道主。2010 年 4 月，在上海世博会倒计时 30 天之际，他再次接受了中央和上海主要媒体的联合采访，明确提出，世博会要反对不正之风，上海干部在世博期间一律不能享受贵宾礼遇，不能开后门。为了感谢上海市民为世博会做出的贡献，试运行期间，市政府将组织所有从园区旧址搬迁的居民参观世博会；正式运行期间，给上海所有的常住户口的居民每户免费赠送一张世博会的参观券，另外赠送一张 200 元的交通纪念卡。第二层面，世博会前，上海社会治安综合治理委员会办公室按照“专群结合、以专带群、群防群治”的工作方针，有步骤地开展上海平安志愿者队伍的招募、组织、管理工作。据统计，全市共招募平安志愿者 80 余万名，形成了“政府推动、多方参与、群策群力、齐抓共管”的工作格局。看起来，这些志愿者在社区中往往关注防火防盗、社会治安、邻里守望、互帮互助等简单、具体的琐碎小事，但实际上，社区志愿者既能及时发现社区和身边的安全隐患，也能构建安全城市这张“大网”，为世博会期间社会的“平安、祥和”提供了坚实的基层保障，是社会层面公共安全管理的重要力量。

六、突发事件应急处置案例：汶川地震的应急救援[①]

2008 年 5 月 12 日，四川省汶川县发生里氏 8.0 级地震，造成 69 227 人死亡，374 643 人受伤，17 923 人失踪，直接经济损失 8 451 亿元人民币，仅极重灾区和重灾区 51 个县(市、区)，总面积 13.3 万平方公里，受灾人口 1 986.7 万。汶川地震抗震救灾过程中，无论决策指挥、生命救援、转移安置，还是资源动员，均可圈可点，取得了很大的成功。

(一) 决策指挥机制

2003 年“非典”事件后，对应急管理体系进行了较大调整，对于突发事件发生后的决策机制也有具体安排。《国家突发公共事件总体应急预案》对于应对突发事件的决策指挥机制有三方面规定：一是事发地政府要在第一时间承担先期处置职能，就拥有第一响应决策权；二是应对重大突发事件时，由国务院相关应急指挥机构或国务院工作组承担决策指挥职能，同时成立现场应急指挥机构负责现场的应急处置工作；三是涉及多个部门职能的重大突发事件，由该类事件的业务主管部门牵

① 参见史培军等:《中国应对巨灾的机制——汶川地震的经验》,载《清华大学学报》,2013 年第 3 期。

头，其他部门予以协助。《突发事件应对法》格外强调了应对特别重大突发事件时，由国务院在总理领导下负责决策，并根据实际需要，设立国家突发事件应急指挥机构及派出工作组具体承担决策职能。同时，《突发事件应对法》又把承担一线决策指挥的职能交由县级以上事发地政府，并要求事发地驻地中国人民解放军和中国人民武装警察部队负责人参与决策指挥。

汶川地震发生后，从国务院到四川等受灾地政府首先是按照这些要求采取行动，但之后在抗震救灾过程中，决策指挥机制又进行了多种调整。总体而言，应对汶川地震的决策指挥机制可分为两个阶段。

第一阶段是地震发生后至 5 月 17 日。这一时期是地震后生命救援最关键的阶段，也是决策指挥工作面临最大考验的阶段。

2008 年 5 月 12 日下午 2 点 28 分汶川地震发生，在第一时间，虽然关于地震详细情况难以尽知，但震感强烈，震中距离成都仅 80 公里，已经可以判断这是一次特别重大地震灾害。地震发生后 1 小时 27 分钟，时任中共中央总书记胡锦涛作出重要指示，要求尽快抢救伤员，保证灾区人民生命安全。时任国务院总理温家宝于 16 时 40 分乘专机飞往四川成都，21 时 40 分抵达都江堰市指挥抗震救灾工作。

地方各级政府也同时纷纷自主行动起来，启动应急响应、成立指挥机构，构成了一个从省、市州到县（市、区）、乡镇，覆盖全部受灾地区的纵横联结的指挥体系。例如四川省，省委、省政府第一时间召开短暂会议、进行紧急部署后，在都江堰市路边临时搭建“帐篷”中成立了四川省抗震救灾指挥部。由于灾情紧急，灾区县(市、区)一级地方政府第一时间承担起大量现场决策指挥职能，特别是第一时间生命救援及相关资源动员工作中，决策指挥主要依靠县及以下基层地方政府。大量极重灾区乡镇，第一时间更是面临通讯、交通中断等困难，但基本都能迅速建立指挥机构，果断进行决策指挥。

第二阶段是从5月17日到6月4日《汶川地震灾后恢复重建条例》公布。这一时期决策指挥工作的主要任务从生命救援转入转移安置，决策指挥的紧迫性下降，但复杂性急剧上升。《恢复重建条例》公布，标示巨灾应对阶段结束，灾后工作转入恢复重建阶段。

(二) 生命救援机制

巨灾首要的危害是造成大量生命的损失，所以应对巨灾的首要任务是救援生命。地震灾害的一个特点是震后可能有大量人员被困在废墟中，必须立刻救援。

1. 自救互救

自救互救是指地震后灾区当地的居民自发或由当地政府等机构组织的救援活动。时间对于救援地震废墟中的幸存者至关重要。外部救援力量，无论是军队，还是专业队伍，抵达灾区都需要时间。因此，地震救援首先要立足、依靠灾区群众的自救互救。汶川地震由于高烈度灾区面积大、交通破坏严重，自救互救对于生命救援格外重要。从人数看，绝大部分从废墟中解救出的群众源于自救互救。如北川县城曲山镇几乎被地震完全摧毁，县委县政府第一时间组织幸存干部群众开展的自救互救挽救了大量生命。汶川县城地震后也是与外界失去联系，县委县政府迅速挑选356名党员干部组成13支抢险突击队徒步救援各乡镇，组织群众自救互救，对汶川县的生命救援发挥了关键作用。

2. 军队救援

汶川地震后，中央军委第一时间成立全军抗震救灾领导小组，组织人民解放军、武警部队、民兵预备役人员等赶赴灾区，全力救援。至5月12日24时，到达灾区救援的军队官兵总数达到近2万人，数万官兵通过多种运输方式赶赴灾区。最终，军队和武警部队共投入14.6万人参与抗震救灾，动员民兵预备役人员7.5万人。在生命救援阶段，军队（包括武警）共搜救被压埋群众27 000多人，其中生还者3 338人。[①]

3. 专业救援

专业救援队伍主要包括四类。数量最多的是消防部队，虽然相对设备和技术较差，但救援生命率最高。其次是以国家地震灾害紧急救援队为代表的各类地震救援队，他们是装备最专业、技术水平最高的专业救援队伍，承担着救援难度最大"救他人所不能救之人"的任务。第三类是矿山救援队。第

① 国务院新闻办公室：《2008年中国的国防》，国务院新闻办公室。

四类是国际专业救援队。汶川地震是中国首次接受国际救援队参与救援。最终共有7支共281人的国际救援队伍参与汶川地震救援，共搜救出76具遇难者遗体和1名被埋127小时的幸存者。

生命救援机制一个重要的配套环节是伤员救治工作。地震后，四川省卫生厅5月12日即成立了抗震救灾临时医疗卫生救援指挥部，并设6个工作小组，负责指挥协调四川全省医疗卫生救援工作。13日，四川省抗震救灾指挥部正式成立，下设医疗保障组，负责统一指挥全省医疗卫生救援工作。为了减轻四川省救治伤员工作压力，同时使伤员获得更好的救治，卫生部制定了《四川省汶川地震伤员转送工作方案》。从5月17日至31日，通过21次专列、99架包机以及万余次救护车，出动医务人员5 000余人，从四川地震灾区向全国20个省(区、市)340多家三级医院累计转运地震伤员10 015人。[①]

(三)转移安置机制

巨灾的破坏性还体现在对社会生活和生产的基础性条件的毁坏上，进而导致灾区短时期内无法维持正常的社会运转。此时，固然可以依靠外界生活物资的输入维系灾区群众的基本生存，但从效率和灾区群众生活质量的角度，更普遍的做法是将灾区群众进行转移安置。汶川地震由于灾区广大，灾区群众数量巨大，转移安置也更为重要。整个汶川地震抗震救灾

---

① 根据2008年6月2日，卫生部新闻发言人毛群安接受中国政府网专访时文字直播资料。

期间，转移安置受灾群众达 1 510 万人，其中有些群众被多次转移。

（四）资源动员机制

巨灾具有的巨大破坏性决定了应对巨灾需要投入海量的资源，并且必须在短时间内完成投放。资源动员的数量和时间直接决定了应对巨灾的成效，甚至其他应对巨灾机制的不足和缺陷，可以在一定程度上用更多资源的投入来弥补。因此，资源动员机制一定意义上是应对巨灾中更具有决定性意义的机制。汶川地震的实践充分说明了这一点。

1. 救灾资金

截至 2008 年 9 月 25 日统计，中央和地方共投入抗震救灾资金 809.36 亿元，其中中央财政投入 734.57 亿元（用于应急抢险救灾资金 331.32 亿元，灾后恢复重建资金 403.25 亿元），地方财政投入 74.79 亿元。[①]

2. 救灾物资

地震后仅 6 天，四川等灾区就调运救灾帐篷约 18 万顶。但储备救灾物资规模、种类、数量与巨灾需求相比明显不足，如四川省在汶川地震前，仅有成都 1 个中央级的救灾物资储备库和绵阳等少数地方级的救灾物资储备库，而绵阳储备库仅存有棉被 200 多床、帐篷不到 200 顶。因此，新采购物资占救灾物资的绝大部分，如地震期间民政部和商务部组织向 76 家

① 参见国务院新闻办公室 2008 年 9 月 25 日根据国务院抗震救灾总指挥部授权发布的数据。

厂商采购救灾帐篷 90 万顶。整个救灾过程中，民政系统的救灾物资储备系统承担了 132.14 万顶帐篷、483.36 万平方米彩条布（篷布）、461.21 万床棉被、13 万件毛毯、12 万件毛巾被、1 397.86 万件衣物、10 万台手摇照明灯和大批食品、饮用水等救灾物资的筹集和调运发放工作。除了民政系统，灾区政府、中央部门、其他地方政府、企事业单位以及大量民间机构等还捐助、筹集和运送了大量的救灾物资。

3. 救灾人员

汶川地震抗震救灾工作非常庞杂，需要数量巨大的救灾人员。救灾人员首先来自灾区自身人员，包括重灾区人员普遍的自救互救，也包括较轻灾区迅速动员大量人员赶赴极重灾区救灾。军队也是最重要的救灾人员来源之一。第一时间大量动员军队深入参与救灾是中国应对巨灾重要而独特的机制。第三方面，大量的专业人员亦是抗震救灾中不可缺乏的力量。汶川地震中，参加抗震救灾的地震救援队、矿山救援队等专业人员超过 5 000 人；一线参与伤员救治的医务人员超过 5 万人。志愿人员的广泛参与也给抗震救灾补充了大量救灾人员。汶川地震中深入灾区的国内外志愿者统计达 300 万人以上。

总体而言，汶川地震资源动员机制最突出反映了中国应对巨灾的机制特征，其基础是中国日益强大的综合国力，其内核是以中国共产党的领导为中心的行政、军队及所谓“体制内”动员机制，而且又外生出新觉醒的公民意识。

第四章
应急善后与恢复

从过程角度考察应急管理，“善后与重建是突发事件应对的最后一个阶段，也是实现应急管理由以抢险救援为主的非常态阶段向尽快恢复生产、生活、工作和社会秩序的常态阶段有效过渡的重要环节”。[①]也就是说，应急善后与恢复工作是“危机后处理”和“平战”转换（即从非常态走向常态）的重要内容与阶段。可以说，各级政府和领导干部有效组织实施应急善后与恢复的能力是其应急处置和应急管理能力的重要体现。因此，有必要从理论与实践层面高度重视应急善后工作。

一、善后恢复：快速全面

善后恢复是一项复杂的系统工程，涉及社会秩

① 钟开斌：《中外政府应急管理比较》，国家行政学院出版社2012年版，第292页。

序、民众心理、经济运行以及基础设施等方方面面的恢复工作。

(一) 善后恢复的概念与种类

依据不同的标准，我们可以将善后恢复划分为不同的种类。比较具有代表性[①]的划分包括“两分法”和“四分法”两种。

1. 两分法

简单来讲，可以将应急善后与恢复划分为两种，即物理型恢复和社会型恢复。或者更加严谨地讲，这种观点将特定突发事件的善后恢复的内容区分为“物理型恢复”和“社会型恢复”两个方面。

依据恢复的时间长短，可将善后恢复划分为“修复性恢复重建”（restoring recovery）和“转型性恢复重建”（transforming recovery）两种[②]。其中，修复性恢复重建是指短期的结构性修复，目的在于恢复基础设施，使灾区经济生活恢复至正常状态，即恢复必要的生命线系统（如恢复水电的供应、交通通信线路的顺畅等）、提供基本需求（如食物、衣服以及收容中心）一直到可接受的标准。一旦已达成部分的稳定度，则开始着眼于长期的减灾需求，进行长期的重建努力，即转型性恢复重建，它旨在推进长期的结构性改造。

2. 四分法

对于善后恢复工作而言，针对不同种类的突发事件——包

---

① 薛澜：《危机管理：转型期中国面临的挑战》，清华大学出版社 2003 年版，第 85 页。
② 张成福、唐钧：《政府危机管理能力评估》，中国人民大学出版社 2009 年版，第 157 页。

括自然灾害、事故灾害、公共卫生事件、社会安全事件等——其善后恢复工作的体制机制，以及善后工作的参与主体、重点等都将大相径庭。据此，有必要区分出自然灾害的善后与恢复、事故灾害的善后与恢复、公共卫生事件的善后与恢复、社会安全事件的善后与恢复等四种类型。实际上，从各种专项预案中，我们也可以明显看到这种区别。

不同种类的善后恢复的重点和所需资源是不一样的。目前应急管理教材中，关于应急善后与恢复的定义往往带有一定的侧重点或预设。譬如，张成福和唐钧认为："恢复重建是指灾害后为重建公共设施、让社会与经济趋于正常并配合减灾而进行的各项活动，其中也应包括善后处理、复原和重建，因为灾民收容、环境整理及消毒等事项不易归属于应对阶段。"①短期而言，恢复重建的重点为生命线系统，使电力、通信、自来水、污水系统、运输系统恢复至可接受的水平，以提供灾民食物、衣物、避难需求，并维持治安。长期而言，恢复重建的重点为恢复以往经济活动与重建社会公共设施与居民住宅。很明显，这种界定就侧重于自然灾害的应急善后与恢复。

此外，针对善后恢复重建的重要内容，可将善后恢复划分为住所恢复、经济恢复、心理恢复、企业恢复等四种基本类型。

---

① 张成福、唐钧：《政府危机管理能力评估》，中国人民大学出版社 2009 年版，第 157 页。

（二）善后恢复的基本原则

原则是指导实践的基本价值要求或行动标准。譬如，毛泽东在《增强党的团结继承党的传统》一文中强调“理论与实践的统一，是马克思主义的一个最基本的原则”。为了做好突发事件应急善后与恢复工作，有必要系统梳理相关政策文本和理论文献，归纳出有助于指导善后恢复的基本原则。

国家行政学院应急管理培训中心钟开斌认为，做好了应急善后与恢复工作需要秉持以下几种基本原则，包括“以人为本、全面推进”、“因地制宜、急缓相宜”、“加强评估，总结经验”以及“关注基层，提升技能”。以此为基础，结合各种应急预案，本章将应急善后与恢复的原则总结为以下几点：

一是积极稳妥、深入细致。在 2005 年颁布的《国家突发公共事件总体应急预案》中，提出“要积极稳妥、深入细致地做好善后处置工作”。其中，积极稳妥的一个重要体现就是要编制“恢复重建计划”并据此有序开展恢复重建工作。此外，恢复重建的工作不能做表面文章，更不能将恢复重建视为彰显政绩的试验田，要深入基层调查研究，细致开展工作。

二是依法开展、以人为本。中国应急管理的基本框架是“一案三制”（即应急预案、应急体制、应急机制与应急法制）。因此，应急善后与恢复的过程也必须遵循“一案三制”的总原则和要求，依法开展各项善后恢复工作。与此同时，在灾后恢复重建工作中，面临的最大挑战是人的问题，人的基本生活、人的居住、人的生计以及人的发展。灾后恢复重建政策的中心内容是民生，各级政府应当本着以人为本的理念，以和谐发展的方式，支持和帮扶灾区的恢复重建。[①]譬如，《国务院关于印发汶川地震灾后恢复重建总体规划的通知》就将“以人为本，民生优先”列为首要原则。

三是分类推进、急缓相宜。应急善后与恢复的过程需要分类推进。对于那些基本的保障，必须迅速予以恢复和保障；而对于那些长远性的恢复项目，则必须统筹规范，循序渐进。与之相应，这要求善后恢复与重建的各项政策体现出的“急缓相宜”[②]的特点。其中，“急”主要体现灾后恢复重建工作对政策需求的紧迫性。对于部分与灾区群众正面临的生存困难问题，需要打破常规，特事特办，尽快出台相关政策。“缓”主要体现面临灾区情况的多样性，有必要稍缓出台政策，以待基础信息更完备汇集，避免过于急迫出台的恢复重建政策与基层实际情况脱节，造成基层执行困难或者违背灾区群众的实际需求。

四是因地制宜、全面推进。对于同一种突发事件，它随着发生的时间、空间和人群特征等要素的不一样，其善后恢复的方案和方式方法也应当进行相应的调整。譬如，在《国务院关于印发汶川地震灾后恢复重建总体规划的通知》中，就提出了“因地制宜，分步实施”的原则，即“要从当地实际情况出

---

①② 钟开斌：《中外政府应急管理比较》，国家行政学院出版社2012年版，第333页。

发进行恢复重建，充分考虑经济、社会、文化、自然和民族等各方面因素，合理确定重建方式、优先领域和建设时序。要统筹安排、保证重点、兼顾一般，有计划、分步骤地推进恢复重建”。这是策略层面的要求。但是从善后恢复的内容上讲，有必要强调全面推进的原则。这是指突发事件的社会影响是全方位的，这决定了应急善后与恢复过程也要确立整体性的恢复方案。正如应急管理专家林德尔所言：“灾后恢复既是一个物理的过程，又是一个社会的过程……”①其中，物理方面涉及生产生活所必需的住宅、商店、医院、学校、企业、交通、通讯等；而社会方面则涉及人们的精神生活、社会氛围、社会关系以及涉灾人群对于未来的信心等多方面的因素。

五是统筹行动、注重基层。对于特大型突发事件的善后恢复，必须强调在应急善后与恢复的过程的行动统筹。这既包括纵向的各层级政府的统筹，也包括横向各政府部门之间的协同配合。然而，基层往往是应急善后与恢复政策、计划的具体实施者。因此，有必要提高基层政府的应急善后与恢复中的重要作用。这点在《中华人民共和国突发事件应对法》中体现最为明显。《应对法》规定：“突发事件应急处置工作结束后，履行统一领导职责的人民政府应当立即组织对突发事件造成的损失进行评估，组织受影响地区尽快恢复生产、生活、工

① 林德尔等：《应急管理概论》，王宏伟译，中国人民大学出版社2011年版，第261页。

作和社会秩序，制定恢复重建计划，并向上一级人民政府报告。受突发事件影响地区的人民政府应当及时组织和协调公安、交通、铁路、民航、邮电、建设等有关部门恢复社会治安秩序，尽快修复被损坏的交通、通信、供水、排水、供电、供气、供热等公共设施。”

六是政府主导、社会参与。在突发事件的善后恢复阶段，“政府主导”是基本要求。与此同时，应急管理专家斯蒂文斯强调“受灾者不是受害者”，他们是紧急事件期间的第一反应者，也是重建过程最为重要的伙伴，一个好的重建策略是聚焦在使社区、家庭与个人有能力重建他们的住宅、生活与生计。[①]这种“受灾者不是受害者”的理念意味着，在善后恢复阶段要加强受灾群体的自主恢复的能力建设与支持。与此同时，这也意味着应急善后与恢复过程亟需社会组织、企业、社区以及家庭等主体的积极参与。《国务院关于全面加强应急管理工作的意见》明确强调：“健全社会捐助和对口支援等社会动员机制，动员社会力量参与重大灾害应急救助和灾后恢复重建。”应急管理专家林德尔等强调，恢复委员会需要与社区合作，就灾后恢复达成共识。[②]此外，应急善后工作中的社会参与也离不开市场主体（其中之一就是应急产品生产企业）的参与。在上海，2009 年“莲花河畔景苑倒楼事件”的

---

① 李宗勋：《灾害治理的哲学观与方法论——以复原重建阶段为例》，《公共应急管理：发展与比较》，《复旦公共行政评论》2013 年第 10 辑。

② 林德尔等：《应急管理概论》，王宏伟译，中国人民大学出版社 2011 年版，第 274 页。

应急善后工作就是政府与市场主体合作的一个典范。事件发生以后，业主普遍对楼盘失去信心，纷纷向开发商提出退房和赔偿要求。为了应对这种局面，闵行区政府同有实力的知名品牌大开发商协商，请他们协助解决善后事宜并形成了三种善后处置方案：原房价打折5%继续履行合同、解除合同并退本还息、按照2009年6月27日市场价由万科收购，最终问题获得较为妥善的解决。

延伸阅读[1]

上海市应急产业发展情况

经对照《产业调整指导目录》中"公共安全与应急产业目录"，据不完全统计，截至2010年底，全市规模以上应急产品生产企业共184家（按照2010年国家统计局统计标准，即为年主营收入500万元以上的企业），工业总产值为594.6亿元，年税金总额23.6亿元，从业人员年平均人数为6.5万人。

七是需求导向、积极回应。在善后恢复阶段，除开一些基本公共物品供给——譬如消毒、恢复交通和通讯等——要采取供给战略之外，政府的行为要以涉灾群体的需求为基本导向。需要什么，供给什么。譬如，《国家自然灾害救助应急预案》

① 资料来源：《上海应急管理报告2006—2012》，上海人民出版社2013年版，第332页。

在关于“过渡性生活救助”的相关规定方面就强调：“重大和特别重大灾害发生后，国家减灾委办公室组织有关部门、专家及灾区民政部门评估灾区过渡性生活救助需求情况。”

八是系统评估，总结经验。调查评估、总结经验教训是善后恢复与重建阶段的重要工作内容。通过系统评估，有助于总结经验教训，尽可能地防范相关突发事件的发生。温家宝强调：“一个民族在灾难中能够学到比平时多得多的东西……一个民族在灾难中失去的，必将在民族的进步中获得补偿。”[1]在应急善后与恢复中，要吃一堑长一智，按照风险管理的基本原则即预防性原则，指导整个应急善后与恢复工作。正如《国务院关于全面加强应急管理工作的意见》所强调的：“灾后恢复重建要与防灾减灾相结合，坚持统一领导、科学规划、加快实施。”

延伸阅读[2]

事故反思与应急处置技术升级

2011年“11·15”大火发生以后，公安部上海消防研究所与相关装备企业联合研制开发了高层建筑火场更为科学的消防硬件

① 钱彤、吴小军：《温家宝出席香港特区政府表扬医护及各界成功克服“非典”聚会》，载《人民日报》2003年7月1日第1版。

② 资料来源：《上海应急管理报告2006—2012》，上海人民出版社2013年版，第333页。

配置技术，以及消防排烟机器人、消防员单兵三维追踪定位装置、路轨两用消防车、头盔式消防用红外热像仪等相关技术和产品。

（三）善后恢复的管理

应急管理专家乔治·哈岛（Haddow）等认为：“恢复工作的目标是带领所有参与者进行对恢复策略的制定、资金筹措以及实施，从而尽快在灾区重建一个更安全、更稳固的家园。”[①]这是一个涉及多种参与者、多个环节的系统性工程。考虑到善后恢复的复杂性，有必要提高应急善后与恢复过程的统筹规划和科学管理的能力。

表 4-1 应急善后与恢复的四个方面

灾害评估	快速评估 初步灾害评估 现场评估 灾民需求评估 “汲取的教训”
短期恢复	灾区的安全和重新进入 临时性避难所/住房 基础设施恢复 废墟管理 应急拆除 维修许可 捐赠管理 灾害援助

① 哈岛等：《应急管理概论》，龚晶译，知识产权出版社 2013 年版，第 128 页。

续表

长期恢复	致灾因子源控制与区域保护 土地利用规范 建设规范 公共卫生/精神健康恢复 经济发展 基础设施可恢复力 历史保护 环境修复 灾害纪念
恢复管理①	机构通知与动员 恢复设施与设备的动员 内部指示与控制 外部协调 公共信息 恢复法律权威与融资 行政与后勤支持 文献记录

资料来源：林德尔等(2011)。

依据应急管理专家林德尔提出的框架，应急善后与恢复应当覆盖灾害评估、短期恢复、长期恢复和恢复管理四个基本方面。据此，应急善后与恢复的管理则包括以下几个方面的内容：

第一，成立专门组织负责管理。美国的经验显示，应急善后与恢复的过程有必要加强组织领导与管理。在领导架构

① 林德尔等:《应急管理概论》,王宏伟译,中国人民大学出版社 2011 年版,第 276 页。

层面，美国往往成立了专门的“恢复会员会”[1]负责应急善后的相关统筹管理工作。譬如，《国务院关于印发汶川地震灾后恢复重建总体规划的通知》就强调：“灾区各级人民政府要建立健全恢复重建领导机构，省级人民政府对本地区的恢复重建负总责，统一领导、统筹协调、督促检查恢复重建规划的实施，市、县级人民政府具体承担和落实恢复重建的主要任务。”

第二，在工作机制方面，启动灾害评估并制定“灾害恢复计划”（disaster recovery plan）。在突发事件发生之后，评估工作——包括需求评估和损失评估等——是各项应急管理工作的基础。其中，“灾民需求评估”主要针对灾民的物质和社会性需求（包括心理疏导、情感等）进行识别和汇总。而损失评估主要包括三个方面：首先，快速评估，即由警察、消防人员和公共工程人员等在1—3个小时内完成，旨在确认受灾地区、范围和人口等，并确定拯救生命的必要性等；其次，初步损失评估，即在3—4天内完成对基础设施的损坏程度评级，以确定是毁坏、严重损坏、中度损坏还是轻度损坏；最后，现场评估，即由专业人士详细评估每一受影响建筑所需的维修或者拆除费用等，这一信息将用于支持申请联邦对受损财产（涉及居民财产、商业财产、工业财产和公共财产）主人的援助。基于这种评估，相关部门（譬如恢复会员

① 林德尔等：《应急管理概论》，王宏伟译，中国人民大学出版社2011年版，第274页。

会）编制“灾害恢复计划”，这是做好应急善后工作的一个重要方面。

第三，专项管理。这类管理工作既涉及短期恢复，也包括长期恢复的内容，具体包括应急善后与恢复重建环节的捐赠管理、废墟管理和灾害援助管理等等。此外，应急善后与恢复管理工作还体现在“机构通知与动员”、“恢复设施与设备的动员”、“内部指示与控制”、“外部协调”、“公共信息”、“恢复法律权威与融资”、“行政与后勤支持”以及“文献记录”等具体层面。

第四，科学决策，制定详尽的应急恢复路径。依据恢复内容，可以区分出下面四种恢复路径：如图 4-1 所示，在路径 A 中，受影响的家庭依次经历应急避难所、临时避难所、临时性住所以及永久性住所等阶段。在路径 B 中，家庭、企业、学校以及政府机构等正常运转需要基础设施的恢复，这包括供

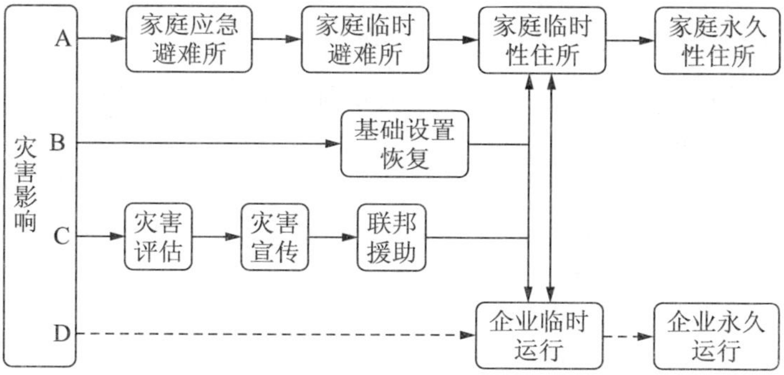

图 4-1　灾后恢复的管理过程

资料来源：林德尔等(2011)。

水、排水、燃气、运输、通讯等方面；在路径C中，因为灾害评估和联邦宣布进入灾害状态是获得联邦财政援助的前提，通过这项援助可为基础设施的恢复以及家庭、企业等恢复重建确立财政基础；路径D显示，受到灾害的影响，企业将中止生产，直到找到临时运行场所。

（四）善后恢复的主要内容

正如林德尔所强调的："'回到正常'的过程既包括恢复人们心理的稳定，也包括从灾害性经历中获取有益的经验。"[①]因此，善后恢复还应当包括心理恢复和总结反思等环节。

从工作内容来看，突发事件的恢复与重建工作具体包括如下内容[②]：一是及时停止应急措施，同时采取或者继续实施防止次生、衍生事件或者重新引发社会安全事件的必要措施。二是定恢复重建计划。突发事件应急处置工作结束后，有关政府应当在对突发事件造成的损失进行评估的基础上，组织制定受影响地区恢复重建计划。三是上级政府提供指导和援助。受突发事件影响地区的政府开展恢复重建工作需要上一级政府支持的，可以向上一级政府提出请求。上一级政府应当根据受影响地区遭受的损失和实际情况，提供必要的援助。四是国家根据受突发事件影响地区遭受损失的情况，制定扶持该地区有关行业发展的优惠

① 林德尔等：《应急管理概论》，王宏伟译，中国人民大学出版社2011年版，第260页。
② 钟开斌：《中外政府应急管理比较》，国家行政学院出版社2012年版，第332页。

政策。

应急善后与恢复重建的种类和工作的多样性、复杂性和不确定性，决定了难以列出一个详尽清单。以预案为基础，可以发现不同类别的突发事件其善后恢复阶段的工作重点有所差别（详见表 4-2）。

表 4-2　应急善后与恢复的主要内容

文　件	内　容
《国家突发公共事件总体应急预案》	包括“善后处置”、“调查与评估”与“恢复重建”三项内容
《国家突发环境事件应急预案》	包括“善后处置”和“保险”两项重要内容
《国家安全生产事故灾难应急预案》	包括“善后处置”、“保险”和“事故灾难调查报告、经验教训总结及改进建议”三项内容
《国家自然灾害救助应急预案》	包括“过渡性生活救助”、“冬春救助”和“倒损住房恢复重建”三个方面
《国家突发重大动物疫情应急预案》	包括“后期评估”、“奖励”、“责任”、“灾害补偿”、“抚恤和补助”、“恢复生产”以及“社会救助”七个方面

依据《国家突发公共事件总体应急预案》，一般来讲，各类突发事件处置的善后工作都涉及三种基本工作：（1）善后处置。即要积极稳妥、深入细致地做好善后处置工作。对突发公共事件中的伤亡人员、应急处置工作人员，以及紧急调集、征用有关单位及个人的物资，要按照规定给予抚恤、补助或补偿，并提供心理及司法援助。有关部门要做好疫病

防治和环境污染消除工作。保险监管机构督促有关保险机构及时做好有关单位和个人损失的理赔工作。(2)调查与评估。即要对特别重大突发公共事件的起因、性质、影响、责任、经验教训和恢复重建等问题进行调查评估。(3)恢复重建。即根据受灾地区恢复重建计划组织实施恢复重建工作。

依据《上海市突发公共事件总体应急预案》，应急恢复与重建阶段重点做好三个方面的工作：(1)善后处置。“各级政府、应急管理工作机构和有关职能部门要积极稳妥、深入细致地做好善后处置工作。对突发公共事件中的伤亡人员、应急处置工作人员，以及紧急调集、征用有关单位及个人的物资，要按照规定给予抚恤、补助或补偿，并提供心理及司法援助。市政府主管部门按照规定及时调拨救助资金和物资。有关部门要做好疫病防治和环境污染消除工作。保险监管机构督促有关保险机构及时做好有关单位和个人损失的理赔工作。”(2)调查与评估。“市政府有关主管部门会同事发地单位和部门，对突发公共事件的起因、性质、影响、责任、经验教训和恢复重建等问题进行调查评估，并向市政府作出报告。”(3)恢复重建。“恢复重建工作按照属地管理的原则，由事发地政府负责。区县政府、相关职能部门在对受灾情况、重建能力以及可利用资源评估后，要认真制定灾后重建和恢复生产、生活的计划，迅速采取各种有效的措施，明确救助程序，规范捐赠管理，组织恢复、重建。”

1. 自然灾害事件的应急善后工作

表 4-3　自然灾害事件的应急善后工作

主要内容	涉 及 部 门
过渡性生活救助	重大和特别重大灾害发生后，国家减灾委办公室组织有关部门、专家及灾区民政部门评估灾区过渡性生活救助需求情况。
冬春救助	自然灾害发生后的当年冬季、次年春季，受灾地区人民政府为生活困难的受灾人员提供基本生活救助。
倒损住房恢复重建	因灾倒损住房恢复重建由县（市、区）人民政府负责组织实施，尊重群众意愿，以受灾户自建为主。建房资金通过政府救助、社会互助、邻里帮工帮料、以工代赈、自行借贷、政策优惠等多种途径解决。重建规划和房屋设计要因地制宜，科学合理布局，充分考虑灾害因素。

2. 事故灾害事件的应急善后工作

依据《国家安全生产事故灾难应急预案》，在安全生产事故灾害应急处置之后的“后期处置”阶段，重点需要做好“善后处置”、“保险”以及“事故灾难调查报告、经验教训总结及改进建议”三方面的工作。

表 4-4　事故灾害事件的应急善后工作

主要事项	具 体 要 求
善后处置	省级人民政府会同相关部门（单位）负责组织特别重大安全生产事故灾难的善后处置工作，包括人员安置、补偿，征用物资补偿，灾后重建，污染物收集、清理与处理等事项。尽快消除事故影响，妥善安置和慰问受害及受影响人员，保证社会稳定，尽快恢复正常秩序。

续表

主要事项	具 体 要 求
保险	安全生产事故灾难发生后，保险机构及时开展应急救援人员保险受理和受灾人员保险理赔工作。
事故灾难调查报告、经验教训总结及改进建议	特别重大安全生产事故灾难由国务院安全生产监督管理部门负责组成调查组进行调查；必要时，国务院直接组成调查组或者授权有关部门组成调查组。 安全生产事故灾难善后处置工作结束后，现场应急救援指挥部分析总结应急救援经验教训，提出改进应急救援工作的建议，完成应急救援总结报告并及时上报。

3. 公共卫生事件的应急善后工作

依据《国家突发重大动物疫情应急预案》，公共卫生事件的应急善后工作涉及以下几个方面：

（1）后期评估。突发重大动物疫情扑灭后，各级兽医行政管理部门应在本级政府的领导下，组织有关人员对突发重大动物疫情的处理情况进行评估，提出改进建议和应对措施。

（2）奖励。县级以上人民政府对参加突发重大动物疫情应急处理作出贡献的先进集体和个人，进行表彰；对在突发重大动物疫情应急处理工作中英勇献身的人员，按有关规定追认为烈士。

（3）责任。对在突发重大动物疫情的预防、报告、调查、控制和处理过程中，有玩忽职守、失职、渎职等违纪违法行为的，依据有关法律法规追究当事人的责任。

（4）灾害补偿。按照各种重大动物疫病灾害补偿的规定，确定数额等级标准，按程序进行补偿。

（5）抚恤和补助。地方各级人民政府要组织有关部门对因参与应急处理工作致病、致残、死亡的人员，按照国家有关规定，给予相应的补助和抚恤。

（6）恢复生产。突发重大动物疫情扑灭后，取消贸易限制及流通控制等限制性措施。根据各种重大动物疫病的特点，对疫点和疫区进行持续监测，符合要求的，方可重新引进动物，恢复畜牧业生产。

（7）社会救助。发生重大动物疫情后，国务院民政部门应按《中华人民共和国公益事业捐赠法》和《救灾救济捐赠管理暂行办法》及国家有关政策规定，做好社会各界向疫区提供的救援物资及资金的接收，分配和使用工作。

另外，依据《国家突发环境事件应急预案》，“后期处置”包括善后处置和保险两项重要内容：其一，善后处置。地方各级人民政府做好受灾人员的安置工作，组织有关专家对受灾范围进行科学评估，提出补偿和对遭受污染的生态环境进行恢复的建议。其二，保险。应建立突发环境事件社会保险机制。对环境应急工作人员办理意外伤害保险。可能引起环境污染的企业事业单位，要依法办理相关责任险或其他险种。

延伸阅读[1]

上海市开展“农产品食用安全保险”

在传统食品安全应急机制下，发生“瘦肉精中毒”之类的食品安全事故，往往要经批发商、零售市场、摊贩、受害市民之间多次“谈判”，有时还需要等待破案结果，市民要获赔往往需要一个漫长的过程。

为维护公众健康与安全，完善突发性食品安全公共责任应急管理机制，解决大众最直接、最关心的食品安全责任问题，安信农业保险公司在市政府有关部门支持和推动下，确定了“瘦肉精保险”的立项开发。2011 年，国内首款“农产品食用安全保险”在上海开始实行。在此机制下，一旦消费者购买或食用经营户销售的猪肉，发生导致消费者群体性（3 人以上）人身伤害事故的“瘦肉精”中毒事件，安信农业保险公司将在 3 个工作日内先行赔付给肉食品批发市场，由批发市场将赔款直接送到零售终端（如商场、超市等）或受害消费者。在履行赔偿责任后，相关监管部门同安信农业保险公司再对事故责任方进行追溯。

目前，这种机制运行已经相对成熟并逐步推广。据《解放日报》2014 年 2 月 18 日报道：针对高温、连阴雨、雨雪冰冻等气象

---

① 资料来源：搜狐财经 2007 年 5 月 24 日报道，http://business.sohu.com/20070524/n250199077.shtml。

灾害，上海市气象部门将与农业保险公司合作，研发融合气象、农业、保险技术于一体的气象保险产品，绿叶菜将成为首批试水气象保险的农产品。

4. 社会安全事件的应急善后工作

社会安全事件（譬如群体性事件）的应急处置同样要高度重视善后恢复工作。依据《广东省大规模群体性事件应急预案》，在“后期处置”阶段需要做好以下几个方面的工作：

（1）事发地人民政府应指挥、协调各有关单位，及时开展对大规模群体性事件中伤亡人民群众的救治及其他善后处理工作，积极恢复社会秩序。

（2）事件平息后，事发地人民政府要继续做好人民群众工作，并加强跟踪和督查，防止事件反复。

（3）事发地应急指挥机构应组织开展事件的损失评估工作，认真剖析引发事件的原因和责任，总结经验教训，并形成专门报告上报。

（4）根据事件处置过程中暴露出的有关问题，事发地人民政府、参与事件处置的省主管单位应提出整改措施，修改完善各自预案。

延伸阅读①

贵州省领导关于“瓮安事件”善后工作的讲话

2008年贵州瓮安事件发生以后，贵州省委书记、省人大常委会主任石宗源强调：“6·28”事件从一起单纯的民事案件酿成一起严重的打、砸、抢、烧群体性事件，其中必有深层次的因素。一些社会矛盾长期积累，多种纠纷相互交织，一些没有得到应有的重视，一些没有得到及时有效的解决，矿群纠纷、移民纠纷、拆迁纠纷突出，干群关系紧张，治安环境不够好。一些地方、一些部门在思想意识上，干部作风上，工作方式方法上，还存在一些这样那样的问题，群众对我们的工作还不满意。由此暴露出的问题应引起我们的反思……要继续提高领导水平和处置突发事件的能力，既要做好当前的维稳工作，又要做好“6·28”事件的善后工作。

二、心理疏导的多元介入

危机事件的突发性甚至破坏性等特性决定管理，危机事件发生过程势必在一定范围内引发引起相关群体的焦虑、恐慌、

① 资料来源：新华网2008年7月1日报道，http://news.qq.com/a/20080701/001520.htm。

抑郁、强迫反应、脾气暴躁、过度警觉等心理反应或创伤。譬如，2008 年 5 月 12 日四川汶川地震之后，就曾经出现多起自杀事件。由此可见，在应急善后恢复阶段，有必要有组织、有计划地实施心理辅导和心理援助，以帮助相关人群——包括受灾者、救灾者，尤其是突发事件中的儿童等特殊群体——尽快恢复正常的心理状态。

（一）善后心理疏导的兴起

相比于常态下的心理疏导，突发事件中的心理疏导具有其特殊性。具体体现在以下三个方面：第一，造成心理问题主要因素是灾害或突发事件中的重大变故、创伤等；第二，突发事件中的心理疏导需求相对集中，规模较大，而且具有较为鲜明的突发性；第三，由于许多突发事件具有较强的系统性和复杂性，因此在突发事件环境中从事心理疏导不仅需要专业知识与技能，而且需要突发事件处置的相关背景知识。因此，它往往需要具有一定的经验。

在国际上，心理危机干预已经成为抢险救灾和突发事件处置的一个重要组成部分。在 20 世纪 60 年代，美国洛杉矶开通了世界上第一条称之为“希望之线”（又称“生命线”）的心理疏导热线，这是心理专家针对想自杀认识的危机干预，也是最早的个人心理救助。随后，对整个社会面临的灾难（如空难、车祸、毒气泄漏、煤矿爆炸、洪水、地震、海啸等）的心理健康救援工作也陆续开展。20 世纪 70 年代，美国联邦应急管理署（FEMA）资助了一批灾难心理危机干预项目，由美国心理卫生服务中心负责。20世纪80年代，美国在修改《罗伯特·斯塔夫德灾害救济和紧急援助法》时，专门将心理干预工作纳入灾害救助体系之中，并建立比较完善和快捷的心理干预调动机制，以保证灾害发生后能立即组织心理治疗与咨询人员实施心理援助。20世纪90年代，美国心理学会与美国红十字会联合推出了灾难应对网络（Disaster Response Network，DRN）系统，为灾难受害者和救援工作者提供心理卫生服务①。

在我国，2002年，当时的劳动和社会保障部开始实施心理咨询师的国家职业标准。2007年，中国心理学会通过临床与咨询心理学专业机构和专业人士注册标准及临床与咨询心理学工作伦理守则，这是我国心理治疗发展步入职业化的开端。2008年，四川汶川特大地震发生之后，来自政府部门和各地科研院校、社会团体、民间个人等成千上万心理工作者赶赴灾区，为受灾群众提供心理救援服务。卫生部在2008年5月15日发布了《心理危机干预方案》，5月19日印发了《紧急心理卫生干预指导原则》，并积极开展心理救援工作。据统计，在灾后不到3周的时间里，全国有50多支心理救援队伍到达灾区。随着灾区生活恢复正常，有关部门还制定了长期的心理援助计划。②

2010年，上海“11·15”特别重大火灾发生以后，受党中央、国务院委托，国务委员、公安部部长孟建柱15日深夜率

① 钟开斌：《中外政府应急管理比较》，国家行政学院出版社2012年版，第298—299页。
② 钟开斌：《中外政府应急管理比较》，国家行政学院出版社2012年版，第328页。

国务院工作组紧急赶赴上海，指导火灾事故救援及善后工作。孟建柱强调：妥善做好善后工作，把这项工作做细做实，请上海市组织精干力量，一家一户地做好安抚救助工作，及时疏导情绪、化解矛盾。在这起事件的善后工作中，还积极引入专业力量进行心理疏导工作。譬如，在上海华东医院，部分伤者出现了创伤后应激反应，心理专家为他们进行疏导和药物治疗。

（二）心理疏导的需求评估、规划与实施

1. 需求评估

在应急善后与恢复过程中，之所以要进行心理疏导的需求评估，可以从以下三个方面来讲：

首先，从受灾群体的特质上讲，儿童、老人、伤员、残疾人等更加需要接受心理干预，这主要是因为这些群体的心理更为脆弱，更容易在突发事件中留下心理创伤。此外，参与救援的人群也一定程度上需要接受心理干预，因为这个群体更加频繁地接触到灾害所造成的巨大破坏和创伤。

其次，从突发事件的种类上讲，经历过特大自然灾害的受灾者更为需要心理援助。天津师范大学心理学副教授、心理健康教育中心主任李慧生认为，在气象灾害等突发事件中，人们产生的应激反应是不同的。对一般的人来说，在突发事件中感受到的是一种有异于常态的力量和生活方式，一般不需要刻意的心理干预。而那些在灾难中遭受经济上的损失，甚至是失去亲人的人们来说，心理上会出现强烈的反应，相应的心理疏导也就非常必要了。“在灾害中失去财产或者亲人的人，一般都会经历否定现实、适应痛苦、接纳生活这样的心理历程，随着时间的推移，一般人都能够走出来。而有些心理受到重大刺激，出现过激行为的人们，则需要有专门的心理咨询方面的帮助，这就需要充分发挥政府服务和社会互助的作用。”①

最后，从应急处置过程的角度来讲，应急管理中的心理疏导或心理救援分为三个阶段②：第一阶段，应急阶段。这段时间生存是第一要务，人们联合起来对抗灾难，心理问题并不明显。第二阶段，灾后阶段。这个阶段，如果没有心理援助，受灾者马上就会因灾难的损失和困难，而感到强烈的失落。第三阶段，恢复和重建阶段。这个阶段可能需要几个月甚至几年的时间。上述阶段分析属于一般规律。实际上，在同一阶段针对不同群体亦需要提供不同种类心理疏导。因此，心理疏导工作需要一个科学的需求表达和评估、规划以及管理的过程。在需求评估方面，譬如，《国家自然灾害救助应急预案》就强调：“灾情稳定后，国家减灾委办公室组织评估、核定并按有关规定统一发布自然灾害损失情况，开展灾害社会心理影响评估，并根据需要组织开展灾后救助和心理援助。”然而，这项工作并非政府的强项，有必要引入社会组织、专家和

---

① 《气象灾害后应及时进行心理疏导》，新华网，http://news.xinhuanet.com/local/2012-07/24/c_112519381.htm。

② 中国心理援助志愿者网，http://www.54zyz.org/。

志愿者的共同参与。

2. 科学规划

在科学规划方面，将心理疏导方面的计划列入《灾害恢复和重建的计划》当中。譬如《国务院关于印发汶川地震灾后恢复重建总体规划的通知》中就在精神家园的栏目下列入了“心理康复工程”，具体措施包括：在中小学校开展心理疏导教育，在医院设置心理门诊，在新闻媒体开办专栏节目，组织专业人员和志愿者进社区（村庄），开设心理咨询热线，培训心理疏导专业人员，编写灾区志愿者服务工作手册和心理辅导手册。通过这种心理援助，旨在从心理层面帮助受灾者恢复良好的心理状态，进而帮助尽可能快且好地恢复社会秩序。

然而，需要注意的是，心理疏导是一种比较专业的活动。因此，专业的心理疏导团队、志愿者和相关资源，需要有计划地培育、储备和调度。

3. 具体实施

危机事件压力管理模式（critical incident stress management），旨在通过团体讨论等形式，引导人们在灾后对自己的心理进行重建。具体活动借鉴大众倡导行动 PCPA 四阶段模式进行[①]。

（1）提出干预议题。根据心理危机干预的总目标提出主题。在此基础上提炼出表达行动寓意的标识和口号。经过标

① 杨廷忠：《地震灾难后的群体心理危机干预方法》，载《中华预防医学杂志》，2008 年第 7 期。

语或媒体等方式发布出来，对人们的心理产生抚慰作用。根据主题设计出行动口号，如“抗震救灾你我同行”，使灾区群众感到自己并不孤单。同时，也需要设计出行动标志。例如，“手握手”的图案表示人们对幸存者的支持；“烛光”图案表示希望；等等。

（2）建立心理危机干预组织。群体心理危机干预的目标需要通过组织集体的努力方可实现。这个组织可由行政领导、流行病学、公共卫生、心理学专家和社会工作者共同组成。组织成立后，首要的问题是如何进行其组织联盟行动和协调。

（3）宣传与教育。心理危机干预中的宣传与教育举措主要通过一系列的传播手段将心理危机的知识、管理方法和应对技能传达到灾民，使他们借助于这些知识和技能，走出心理危机的困局。这里的宣传与教育主要指心理危机管理信息研制、发展和传播这一连续性的过程。它包括如下过程：首先，信息研制。用于抗震危机干预的信息需精心研制。信息可以分为核心信息和依据事件和对象的特性而定制的配套信息（tailored messages）。核心信息指危机干预所需的最基本和最重要的信息，其作用在于使人们先入为主、引起关注。在核心信息的基础上，还需要发展相应的配套信息。配套信息是干预对象进一步关心的信息。一般来说，一个好的心理危机干预行动，不但要有行动计划，还要提炼出核心信息，定制出配套信息。其次，信息发展。对大众心理救援能够产生作用的信息应该在逻辑上具有说服力，心理上具有权威，能够打动人心，真正能够使人在心理上得到安慰。有效的干预信息必须使概念简单化和具体化。要使科学概念变得简单易解。要强调的问题是心理问题容易受暗示的影响，正面和负面的暗示产生相反的后果。所以，应该围绕心理效应而设计表达形式。最后，信息传播。信息研制成功后信息传播方面也要花大量的精力。

（4）现场干预。现场心理危机干预，除了一些较重的心理疾病患者需要专门的治疗外，大多数轻中度的心理危机通过现场干预就可以解决问题。在缺乏心理卫生专业工作者情况下，较可行的办法是招募一些志愿者，如医学生，进行必要的培训。在专业工作者的指导下，让他们参与现场心理危机干预。现场心理危机干预有两种形式：其一，团体心理危机干预。团体心理危机干预的形式多种，包括心理健康教育、心理咨询和心理治疗等多种方式。团体心理健康教育是将受灾群众召集起来，由心理健康教育学者和社会工作者进行心理健康讲座和辅导。团体心理咨询是针对团体面临的共同心理危机问题而进行的咨询。团体治疗是应用心理辅导的技术，让团体成员在组织中相互的倾诉、解决共同面对的问题，使他们顺利度过心理危机期。其二，团体社会活动。灾难发生后，人们变得麻木、冷漠，不愿意参与集体活动，这将导致个人与社会的孤立，使得个人更加封闭，很容易造成个人的自闭、焦虑等相关心理症状。需要尽可能地将他们组织起来，进行一些力所能及的自救和互救活动。这样，可以将他们对灾难的“注意力”转移，心理中的“淤积”得以释放。

此外，在应急善后中个，还可以利用不同场所等条件进行针对性的心理危机干预。常见的场所干预形式包括：其一，学校干预。学校是良好的干预场所。首先，学校是青少年聚集的地方，早期干预可以得到较好的效果。其次，学校存在着天然的干预条件，如利用课堂进行健康教育、利用课外活动时间进行行为技术演练等。最后，学校有着严密的组织，干预容易组织和实施。其二，工作场所干预。工作场所是针对大多数成年人干预的适合场所，如利用工作休息时间可以组织员工进行健康教育和集体心理咨询。其三，社区干预。以社区为基础的干预能够影响很多人。应用社区组织实施的心理危机干预行动有很多成功的尝试。

（三）我国应急善后心理疏导的发展状况

1. 突发事件心理疏导的多元化

在重大灾难发生后，必须结合政府与民间资源，针对受灾者及其家属加强心理辅导，预防心理疾病的产生，如有人出现心理疾病，应及早发现及早治疗①。（1）指派心理咨询人员赶赴灾区，分别在医疗站、殡仪馆、灾民收容中心等地点设立心理咨询站，展开现场心理辅导及咨询工作。（2）指定精神医疗机构为“灾区精神医疗责任医院”，提供持续性精神卫生诊

① 张成福、唐钧：《政府危机管理能力评估》，中国人民大学出版社2009年版，第162页。

疗，并针对高危人群，如死亡者家属、重伤者、财物损失惨重者、失去父母的儿童、独居老人、精神病患者、义工、救援人员等，进行追踪辅导。

从国际经验看来，成功的心理危机干预无不是群体和个体方法完美结合的结果。群体的方法可以在短时间内大面积覆盖，给予人们初步的感受，解决一些面上的问题，进一步深入的工作却需要个体方法，如面对面的心理咨询等[①]。

此外，还需要充分借用专业资源和特殊资源，发挥这些资源在心理干预、心理疏导中的积极作用。这包括国外专业机构的心理；跨地区的心理恢复援助；专业性的社会组织，尤其是心理辅导、儿童心理恢复方面的专业 NGO 和志愿者。此外，在应急处置中，各种非物质性要素也会成为应急“资源”。譬如，宗教的适度介入灾后的心理恢复和社会秩序重建。

2. *发展趋势*

我国在汶川地震中，在城市突发事件的处置中，都已逐步开始注重引入心理疏导机制来辅助善后治理，以提高应急善后的科学性与合理性。其中，比较有名的譬如“蓝十字心理援助行动”[②]。蓝十字心理援助是由网易、中国心理学会、中科院心理研究所共同发起，针对汶川地震受灾群众、志愿者等进行的心理援助行动。“蓝十字”行动主要采取在四

---

① 杨廷忠:《地震灾难后的群体心理危机干预方法》,载《中华预防医学杂志》,2008 年第 7 期。
② 中国心理援助志愿者网,http://www.54zyz.org/quanweifabu/9.html。

川省“5·12”地震灾区建立“蓝十字”心理援助基地的方式，对灾区群众实施心理干预和救助，同时会通过“蓝十字”官方网站向更多需要心理援助的人提供资讯与在线交流援助服务。

当前，我国突发事件中的心理干预和心理救援工作越来越受到重视，并且出现了几个可喜的发展趋势：

第一，理性化。从2003年非典、2008年汶川、2010年玉树到2013年芦山，中国专业灾难心理救援队伍不断在实践中积累经验，越来越趋于理性和成熟，心理干预不再是纯粹的原始情感的宣泄。

第二，预案化。各个专业团队（包括医院、军医大、普通高校、中科院心理所等）有了随时待命的“预案”。譬如，“2008年汶川之后，医院干脆就标准化了，每个人一个箱子一个背包，随时拿起就走。”①

第三，精细化。这体现在越来越注重科学的区分。危机状态下的心理救援，越来越侧重于伤员和儿童这两个群体。并且针对性地发展相应的心理干预技巧，积累相应的经验。

第四，专业化。这体现在三个方面：首先，从主体上讲，越来越多的专业团队、支援队伍和NGO参与心理援助；其次，从准备上讲，每次参与特定心理救援都要提前接受相关培训。培训讲两个内容：“宏观的，整个心理救援的组织；微

---

① 《外国专家曾悲观预计汶川地震后出现“自杀高潮”》，人民网，http://politics.people.com.cn/n/2013/0427/c70731-21306944.html。

观的，怎么跟灾民做有效的接触，最重要的，要通过帮他解决实际的困难，比如他没有吃的，你可以去帮他申请要来一些水、吃的，或者他现在联络不到家人，你用自己的手机帮他联络到家人。”[1]最后，从技巧上讲，心理干预过程越来越体现出专业素养。“汶川那次，从心理救援角度来说，就是全社会都关注，不管是真咨询师还是假咨询师，全去给人支持。经典的模式就是，进去打开问卷，给人说哭了，第三天拍屁股走人。不太专业的就是这种。”“汶川灾情特别严重，所以使心理援助呈现空前高涨的一个局面。热力够了，但总体来说是无序的。”到了玉树地震，相关主管部门对心理援助就显得非常理性，“派更专业的国家队去”。

延伸阅读[2]

上海市应急心理疏导的基础条件

自20世纪90年代起，上海就在加强和改进思想政治工作中探索引入心理疏导。截至目前，上海已经建立起由心理健康专业人才培养、投入保障机制和心理服务产品配送等三方面构成的心理疏导资源支撑体系。在品牌建设方面，上海逐渐树立起一批心理服务品牌项目，包括团市委的“今天我们怎样成长”

① 《外国专家曾悲观预计汶川地震后出现“自杀高潮”》，人民网，http://politics.people.com.cn/n/2013/0427/c70731-21306944.html。

② 新浪网2011年5月26日报道，http://news.sina.com.cn/o/2011-05-26/074622532670.shtml。

和“12355热线”，市妇联的“白玉兰开心家园”，市公安局的“上海公安心理健康驿站”，等等。

以社区为依托，上海逐步形成了一个标准化的心理疏导服务网络，通过心理干预、心理救助、心理治疗、心理教育等途径，帮助人们疏解压力、化解矛盾、改善心态。

三、奖惩激励的健全完善

奖惩机制是现代政府实施公共管理的一种必要手段，也是做好应急管理工作的必要措施。随着领导干部问责制的使用，我国应急管理中的奖惩机制建设与运用开始受到比较普遍的关注和重视。从实践来看，奖惩机制的运用贯穿应急处置的全过程。但是，更为常规的情形下，奖惩激励程序的启动发生在应急善后与恢复重建阶段。

为了使讨论更具现实针对性，本节将紧扣应急预案中的“奖惩与责任”、“奖惩与责任追究”等相应条款进行分析，主要分为三个部分：第一部分，就在应急善后阶段启动奖惩机制的意义进行分析；第二部分，以突发事件应急预案为基础，对奖惩与责任追究的相应条款进行梳理和比较；第三部分，应急善后中的惩戒机制；第四部分，应急善后中的激励（包括奖励和狭义的激励措施）机制。

（一）应急善后阶段启动奖惩机制的意义

在国内外关于应急管理的教材中，较少有章节涉及应急善后阶段的奖惩机制问题。这并不是因为它不重要，而更多在于它是一个颇为复杂的课题，无论在理论界还是在实践部门，这个课题都还存在诸多争论。因此，在此背景下，有必要就应急善后阶段启动奖惩机制的意义进行简要说明。

第一，有助于提高应急处置评估和经验教训总结的权威性。在公共管理中，一个基本规律是“评估结果不能影响最终的考核与奖惩，那么评估最终将会流于形式”。为了防止出现这种情况，就有必要实施基于客观的、公正的事故调查以及应急处置评估报告的奖惩机制。

第二，在应急善后环节启动奖惩激励机制是出于“监督管理”的考虑。这点非常显著地体现在《国家突发公共事件总体应急预案》当中。梳理该预案的相关条款，可以发现：这项预案将“预案演练”、“宣传和培训”以及“责任与奖惩”三项并列，且放在“监督管理”的栏目之下。据此可知，实施惩戒机制是出于加强应急管理的监督，提高各级政府部门对于应急管理工作重视程度的一项重要机制。

第三，出于进一步落实领导干部负责制等相关责任制度的考虑。我国突发公共事件应急处置工作实行“责任追究制”，它体现为问责或相关法律责任追究。在《国家突发公共事件总体应急预案》中，关于“责任与奖惩”的相应条款明确规定：“对迟报、谎报、瞒报和漏报突发公共事件重要情况或者应急管理工作中有其他失职、渎职行为的，依法对有关责任人给予行政处分；构成犯罪的，依法追究刑事责任。”之所以如此，除开上述两点原因，还在于启动问责或法律责任追究程序乃是落实领导干部负责制的一个必要机制——因为不用负责的“负责制”是没有意义的。

第四，出于价值宣导和社会稳定等政治因素的考虑。在应急善后阶段，对有功的党政领导干部或公职人员以及其他主体(包括民众、士兵、企业、社会组织等)予以表彰和宣传，有助于在事件发生之后进一步弘扬主旋律和社会核心价值体系。与此同时，对于事件的罪魁祸首以及处置事件不当的相关人员予以惩戒，则有助于起到很好的警示作用，而且，这也是向社会作出说明的实质性举措，有助于维护社会和谐、稳定与团结。

(二) 应急预案关于“奖惩与责任追究”的规定

我国应急管理实行“一案三制”基本框架和思路。基于此，各级政府、各部门、各行业都制定了相应的应急预案。基于预案，通过政策文本梳理，可得出几个并不复杂的结论：其一，各类应急预案都十分重视“奖惩和责任追究”环节，并或繁或简地作出了相应规定；其二，应急预案或明或暗地强调了“突发公共事件应急处置工作实行行政领导负责制和责任追究制”；其三，各项预案对于奖惩事由的说明都较为概括和简单，但总体上对于惩戒事由列举的详细程度要超过奖励事由。

表 4-5 应急预案关于“奖惩与责任追究”的规定

文 件	文 件	具 体 规 定
《国家突发公共事件总体应急预案》	“责任与奖惩”	□ 突发公共事件应急处置工作实行责任追究制。 □ 对突发公共事件应急管理工作中做出突出贡献的先进集体和个人要给予表彰和奖励。 □ 对迟报、谎报、瞒报和漏报突发公共事件重要情况或者应急管理工作中有其他失职、渎职行为的，依法对有关责任人给予行政处分；构成犯罪的，依法追究刑事责任。
《国家自然灾害救助应急预案》	“奖励与责任”	□ 对在自然灾害救助工作中作出突出贡献的先进集体和个人，按照国家有关规定给予表彰和奖励。 □ 对在自然灾害救助工作中表现突出而牺牲的人员，按有关规定追认烈士。 □ 对在自然灾害救助工作中玩忽职守造成损失的，严重虚报、瞒报灾情的，依据国家有关法律法规追究当事人的责任，构成犯罪的，依法追究其刑事责任。
《国家突发环境事件应急预案》	“奖励与责任追究”	□ 在突发环境事件应急救援工作中，有下列事迹之一的单位和个人，应依据有关规定给予奖励： （1）出色完成突发环境事件应急处置任务，成绩显著的； （2）对防止或挽救突发环境事件有功，使国家、集体、和人民群众的生命财产免受或者减少损失的； （3）对事件应急准备与响应提出重大建议，实施效果显著的； （4）有其他特殊贡献的。

续表

文　件	文　件	具　体　规　定
《国家突发环境事件应急预案》	“奖励与责任追究”	□ 在突发环境事件应急工作中，有下列行为之一的，按照有关法律和规定，对有关责任人员视情节和危害后果，由其所在单位或者上级机关给予行政处分；其中，对国家公务员和国家行政机关任命的其他人员，分别由任免机关或者监察机关给予行政处分；构成犯罪的，由司法机关依法追究刑事责任： （1）不认真履行环保法律、法规，而引发环境事件的； （2）不按照规定制定突发环境事件应急预案，拒绝承担突发环境事件应急准备义务的； （3）不按规定报告、通报突发环境事件真实情况的； （4）拒不执行突发环境事件应急预案，不服从命令和指挥，或者在事件应急响应时临阵脱逃的； （5）盗窃、贪污、挪用环境事件应急工作资金、装备和物资的； （6）阻碍环境事件应急工作人员依法执行职务或者进行破坏活动的； （7）散布谣言，扰乱社会秩序的； （8）有其他对环境事件应急工作造成危害行为的。
《国家安全生产事故灾难应急预案》	“奖励与责任追究”	□ 涉及“奖励”和“责任追究”两个方面。

续表

文　件	文　件	具　体　规　定
《上海市突发公共事件总体应急预案》	“责任与奖惩”	□ 突发公共事件应急处置工作实行行政领导负责制和责任追究制。 □ 对在突发公共事件应急管理工作中作出突出贡献的先进集体和个人，要给予表彰和奖励。 □ 对迟报、谎报、瞒报和漏报突发公共事件重要情况或者应急管理工作中有其他失职、渎职行为的，依法对有关责任人给予行政处分；构成犯罪的，依法追究刑事责任。

（三）应急善后中的惩戒机制

1. 基于问责制的惩戒机制

领导干部问责制的出台并不仅仅针对的是突发事件，但是突发事件的确是领导干部问责的重要环节之一。而且，问责制是我国在应急管理中开展事后惩戒和责任追究的重要机制。

实际上，在2003年之前，我国就制定了多项规定或条例，或直接或间接地涉及突发事件的责任追究。这包括：《国务院关于特大安全事故行政责任追究的规定》（2001年国务院令第302号）、《党政领导干部选拔任用工作条例》（中发［1995］4号）、《中国共产党党内监督条例（试行）》（中发［2003］17号）等等。

2003年发生的“非典”疫情是我国开始全面启动干部问责制的一个里程碑事件。随后，我国在重大突发事件的调查处理中，都伴随着事件或者事故的原因调查处理，以及以之为基础的官员问责。据统计，直接造成省部级领导干部行政问责的事故，就有“11 · 21”包头空难事故、铜川矿务局陈家山煤矿“11 · 28”特大瓦斯爆炸事故、阜新矿业集团孙家湾煤矿“2 · 14”特大瓦斯爆炸事故、广东新宁大兴煤矿“8 · 7”事故、松花江污染事故、黑龙江省七台河“11 · 27”矿难事故等①。

在2009年颁布实施的《关于实行党政领导干部问责的暂行规定》第五条明确列出了对“党政领导干部”实行问责的七种情形：

（1）决策严重失误，造成重大损失或者恶劣影响的；

（2）因工作失职，致使本地区、本部门、本系统或者本单位发生特别重大事故、事件、案件，或者在较短时间内连续发生重大事故、事件、案件，造成重大损失或者恶劣影响的；

（3）政府职能部门管理、监督不力，在其职责范围内发生特别重大事故、事件、案件，或者在较短时间内连续发生重大事故、事件、案件，造成重大损失或者恶劣影响的；

（4）在行政活动中滥用职权，强令、授意实施违法行政行为，或者不作为，引发群体性事件或者其他重大事件的；

（5）对群体性、突发性事件处置失当，导致事态恶化，造

① 钟开斌：《中外政府应急管理比较》，国家行政学院出版社2012年版，第333页。

成恶劣影响的；

（6）违反干部选拔任用工作有关规定，导致用人失察、失误，造成恶劣影响的；

（7）其他给国家利益、人民生命财产、公共财产造成重大损失或者恶劣影响等失职行为的。

基于上述条款，需要注意的是：在应急善后中启动的惩戒机制，并不总是都使用问责制度。原因很简单，问责制是针对相应的党政领导干部而言的。对于这个群体之外的责任追究更多启动的是法律程序。譬如，《中华人民共和国突发事件应对法》第六十五条规定："违反本法规定，编造并传播有关突发事件事态发展或者应急处置工作的虚假信息，或者明知是有关突发事件事态发展或者应急处置工作的虚假信息而进行传播的，责令改正，给予警告；造成严重后果的，依法暂停其业务活动或者吊销其执业许可证。"此外，第六十六条、第六十七条以及第六十八条都属于此类情况。

另外，以《国家安全生产事故灾难应急预案》为例。该预案在责任追究的条款中规定：在安全生产事故灾难应急救援工作中有下列行为之一的，按照法律、法规及有关规定，对有关责任人员视情节和危害后果，由其所在单位或者上级机关给予行政处分；其中，对国家公务员和国家行政机关任命的其他人员，分别由任免机关或者监察机关给予行政处分；属于违反治安管理行为的，由公安机关依照有关法律法规的规定予以处罚；构成犯罪的，由司法机关依法追究刑事责任：

（1）不按照规定制订事故应急预案，拒绝履行应急准备义务的。

（2）不按照规定报告、通报事故灾难真实情况的。

（3）拒不执行安全生产事故灾难应急预案，不服从命令和指挥，或者在应急响应时临阵脱逃的。

（4）盗窃、挪用、贪污应急工作资金或者物资的。

（5）阻碍应急工作人员依法执行任务或者进行破坏活动的。

（6）散布谣言，扰乱社会秩序的。

（7）有其他危害应急工作行为的。

在以上七点责任追究事由中，尽管主要针对的公职人员，但是很明显绝不限于此。 由此可知，突发事件及其处置不当的责任追究不能完全依靠问责制这项制度，还需要在法律责任追究等惩戒方式上进一步探索、调整和完善。

延伸阅读[①]

国务院严肃处理青岛“11·22”中石化东黄输油管道泄漏爆炸特别重大事故

2013 年 11 月 22 日 10:25，位于山东省青岛经济技术开发

① 人民网 2014 年 1 月 11 日报道，http://politics.people.com.cn/n/2014/0111/c1001-24087312.html。

区的中石化股份有限公司管道储运分公司东黄输油管道原油泄漏发生爆炸，造成62人死亡、136人受伤，直接经济损失7.5亿元。国务院同意认定山东省青岛市“11・22”中石化东黄输油管道泄漏爆炸事故是一起特别重大责任事故。

经调查认定，事故发生的直接原因是：输油管道与排水暗渠交汇处管道腐蚀减薄、管道破裂、原油泄漏，流入排水暗渠及反冲到路面。原油泄漏后，现场处置人员采用液压破碎锤在暗渠盖板上打孔破碎，产生撞击火花，引发暗渠内油气爆炸。管理上的原因是：中石化集团公司及下属企业安全生产主体责任不落实，隐患排查治理不彻底，现场应急处置措施不当。山东省、青岛市、青岛经济技术开发区及相关部门组织开展安全生产大检查不深入不细致，管道保护、规划、市政、安监等部门履行职责不力，事故风险研判失误。

根据调查事实和有关法规规定，对中石化管道分公司运销处处长裘冬平、安全环保监察处处长廖达伟、潍坊输油处处长兼副书记靳春义，青岛市黄岛区委办、经济技术开发区工委管委办公室副主任兼应急办主任汪啸，青岛经济技术开发区安监局副局长李宝三、石化区分局局长任献文等15人移交司法机关处理。

给予党纪、政纪处分48人。其中，给予中石化集团公司董事长、中石化股份公司董事长傅成玉行政记过处分，中石化集团公司总经理、中石化股份公司副董事长王天普行政记大过处分，中石化集团公司副总经理、中石化股份公司总裁李春光行政记大过、党内严重警告处分，中石化股份公司副总裁、安全总监王永健行政记大过处分、免职；给予中石化管道分公司党委书记田以民撤销党内职务处分，党委常委、总经理钱建华行政撤职、撤销党内职务处分；给予青岛市委副书记、市长张新起(副省级)行政警告处分，市委常委、副市长牛俊宪行政记大过处分，市委常委、开发区工委书记张大勇党内严重警告处分、免职，开发区工委副书记、管委会主任孙恒勤行政撤职、撤销党内职务处分，开发区安监局局长薛凌行政撤职、留党察看二年处分，开发区行政执法局(市政公用局)副局长马启杰行政降级、党内严重警告处分；给予黄岛区薛家岛街道工委书记薛仁龙(2007 年 1 月至 2012 年 2 月任青岛市规划局黄岛分局局长)党内警告处分；给予山东省油区工作办公室主任杨希珍行政记过处分。

同时，国务院责成山东省人民政府、中石化集团公司向国务院作出深刻检查，责成青岛市人民政府向山东省人民政府作出深刻检查。

---

2. 启动惩戒机制的事由

对于突发事件及其处置而言，启动惩戒机制的事由主要包括两种：一种是通过事件原因调查，找出相应的责任人而启动责任追究程序；另一种是通过应急处置过程的反思、总结和梳理，找出那些负有处置不当责任的主体而启动责任追究程序。也就是说，要区分两种问责，即事件(或者事故)问责和应急处置不当问责。

譬如，以《中华人民共和国突发事件应对法》为例。该法第六十三条对于地方政府应对突发事件的法律责任给出了具体规定：地方各级人民政府和县级以上各级人民政府有关部门违反本法规定，不履行法定职责的，由其上级行政机关或者监察机关责令改正；有下列情形之一的，根据情节对直接负责的主管人员和其他直接责任人员依法给予处分：

（1）未按规定采取预防措施，导致发生突发事件，或者未采取必要的防范措施，导致发生次生、衍生事件的；

（2）迟报、谎报、瞒报、漏报有关突发事件的信息，或者通报、报送、公布虚假信息，造成后果的；

（3）未按规定及时发布突发事件警报、采取预警期的措施，导致损害发生的；

（4）未按规定及时采取措施处置突发事件或者处置不当，造成后果的；

（5）不服从上级人民政府对突发事件应急处置工作的统一领导、指挥和协调的；

（6）未及时组织开展生产自救、恢复重建等善后工作的；

（7）截留、挪用、私分或者变相私分应急救援资金、物资的；

（8）不及时归还征用的单位和个人的财产，或者对被征用财产的单位和个人不按规定给予补偿的。

上述八条中，第二条至第八条基本上可以归类为由于应急处置不当而需要被追究相关责任，而第一条则同时涉及事件问责和应急处置不当问责两种事由。

3. 惩戒机制正常运行的条件

在突发事件发生之后，启动问责制来实施责任追究的一个基本条件是责任划分是清晰的，归责过程不存在显著的争议性。在这个意义上，有必要重视《国家突发公共事件总体应急预案》在工作原则方面一项规定，即“统一领导，分级负责。在党中央、国务院的统一领导下，建立健全分类管理、分级负责，条块结合、属地管理为主的应急管理体制，在各级党委领导下，实行行政领导责任制，充分发挥专业应急指挥机构的作用”。此外，问责制的运行当以领导干部责任制和负责制为基础。也就是说，问责的对象应当确实为相关领域的直接和主要负责人。这也就是《关于实行党政领导干部问责的暂行规定》强调“权责一致”的原因所在。

除此之外，应急善后环节要通过问责的方式实施惩戒还需要在三个关键问题上取得进一步突破和制度完善：第一个问题是问责与复出之间的关系。具体来讲，这涉及官员问责之后能否复出，多长时间能复出，以什么级别和职务复出，等等。第二个问题是“责令辞职”与“引咎辞职”的关系问题。从国际上的经验来看，“责令辞职”还仅仅是问责制一种强制实施方式，而只有“引咎辞职”得意运行，问责制才真正完备和健全。第三个问题是同体问责和异体问责的关系问题。当前，我国是突发事件发生之后的问责式惩戒，更多属于自上而下的行政系统内的同体问责，而较少有社会问责过程，后者是未来的发展方向。

（四）应急善后中的激励机制

上文讲到，各项应急预案“对于惩戒事由列举的详细程度要超过奖励事由”，那么，基于这些并不十分系统的论述，我们可以就应急善后的奖励机制作以下几点总结：

1. 激励措施分为事中激励和事后激励两种类型

《中华人民共和国突发事件应对法》第六十一条规定：“公民参加应急救援工作或者协助维护社会秩序期间，其在本单位的工资待遇和福利不变；表现突出、成绩显著的，由县级以上人民政府给予表彰或者奖励。”基于这条规定，我们可以得出一个基本判断，即在应急管理中的激励机制需要区分为事中激励和事后激励两种类型。 譬如，“公民参加应急救援工作或者协助维护社会秩序期间，其在本单位的工资待遇和福利不变”这点就可视为一种事中激励举措。

2. 奖励的对象包括个体与集体

《国家突发公共事件总体应急预案》明确规定，“对突发公共事件应急管理工作中做出突出贡献的先进集体和个人要给予表彰和奖励”。 这意味着从性质上可将奖励对象划分为两类，即个体和整体。①这看似是一个非常简单的分类，实际上，在实践中要将一项贡献中的个体因素、团队因素和组织因

① 刘斌、陈安:《应急管理中的过程监督与奖惩机制研究》,载《中国应急救援》,2009 年第 2 期。

素完全区分看来，并不是一件十分容易的事情。

3. 奖励的根据注重结果导向而非投入导向

在《国家安全生产事故灾难应急预案》，对于奖励的根据给出了明确规定：在安全生产事故灾难应急救援工作中有下列表现之一的单位和个人，应依据有关规定给予奖励：(1)出色完成应急处置任务，成绩显著的。(2)防止或抢救事故灾难有功，使国家、集体和人民群众的财产免受损失或者减少损失的。(3)对应急救援工作提出重大建议，实施效果显著的。(4)有其他特殊贡献的。细细揣摩上述四点根据，我们可以发现一些关键词，包括“成绩显著”、“免受损失或者减少损失”、“效果显著”以及“特殊贡献”等，一定意义上都是对于结果的强调。实际上，唯有基于客观的、显著的或特殊的结果状态，实行某种奖励措施才能确保公正。

四、评估反思的全面有力

在应急善后中，评估反思——应急预案中多称之为“调查评估”——是一项非常关键的工作。《中华人民共和国突发事件应对法》第六十二条规定了政府事后总结和报告制度。首先，从突发事件应对的整个过程来看，整个突发事件应对工作以突发事件应急处置工作的评估总结报告的上报为最终结束标志。事后总结与报告制度是突发事件应对工作中的最后一个重要制度。其次，从突发事件应对的成效来看，这是对突发事件的预防、监测与预警、应急处置与救援、事后恢复与重建等各项工作的总结。履行统一领导职责的人民政府能够通过总结，认识到工作存在的问题，总结经验教训，查找管理漏洞和薄弱环节，进一步明确各部门职责分工，理顺工作程序，有助于不断完善应急管理体系和措施。最后，自上而下汇报各类突发事件处置的评估报告，有助于经验总结和交流，从而在整体上(区域或国家)提高应急处置的能力。

从世界各国的应急管理工作来看，事件过后的评估反思都是一项必备的程序与方法。在我国，对各种突发事件进行统计分析，对各类应急管理行为进行调查评估，是 2003 年以来我国应急管理工作的一项重要内容。自 2005 年以来，我国从中央到地方都要组织对各类突发事件及其应对工作进行评估分析，作为全国应急管理工作的指导和依据。在国家层面，由国务院应急办会同公安部、民政部、卫生部和国家安全监管总局，对全国各年突发事件应对工作进行分析评估，形成评估报告。2005 年 1 月 15 日，国务院办公厅发出《关于进行 2004 年各类突发公共事件评估分析的通知》(国办函[2005]110 号)，要求国务院有关部门按照职责分工，分别汇总 2004 年自然灾害、事故灾难、公共卫生事件和涉及社会安全的突发事件情况，并对应急管理工作进行评估分析。[①]这项工作已经成为

① 钟开斌:《中外政府应急管理比较》,国家行政学院出版社 2012 年版,第 322 页。

地方政府和基层政府的一个重要工作内容之一。

在上海，为了突发事件的评估反思工作，分类编制了一系列事故调查专项规定，具体包括《上海市燃气事故调查暂行规定》（2006年）、《上海市实施〈生产安全事故报告和调查处理条例〉的若干规定》（2009年）、《上海市轨道交通运营安全事故处置暂行规定》（2010年）、《上海市食物中毒事故报告和调查处置办法（征求意见稿）》（2013年）等等。

（一）评估反思的内容框架

在既有研究中，有两项研究系统梳理了应急善后中评估反思的内容。王宏伟认为，应急管理调查评估包括六个方面，即风险调查评估、应急基础能力评估、应急处置调查评估、事件影响调查评估、责任追究调查评估和应急绩效评估。①而张成福等认为，政府危机管理能力评估涉及六个方面，包括危机预警评估、危机准备评估、危机舒缓评估、危机应对评估、危机重建评估、危机管理评估等。②相对而言，在这两种观点中，前者更具实践意义。

依据《国家突发公共事件总体应急预案》的规定，“要对特别重大突发公共事件的起因、性质、影响、责任、经验教训和恢复重建等问题进行调查评估”。而依据《中华人民共和国突发事件应对法》第六十二条的规定，即“履行统一领导职责

① 王宏伟：《重大突发事件应急机制研究》，中国人民大学出版社2010年版，第179页。

② 张成福、唐钧：《政府危机管理能力评估：知识框架与指标体系研究》，中国人民大学出版社2009年版，目录部分。

的人民政府应当及时查明突发事件的发生经过和原因，总结突发事件应急处置工作的经验教训，制定改进措施，并向上一级人民政府提出报告”。应急善后阶段评估反思的内容，应当包括“突发事件的发生经过和原因”、“突发事件应急处置工作的经验教训”两个方面的内容。

基于上述，学界和实践部门关于调查评估内容尚未达成一致。但是，彼此之间也并非不可调和。简单来讲，最为重要的两项评估内容就是《中华人民共和国突发事件应对法》所强调的两个方面，即“突发事件的发生经过和原因”（调查与反思）和“突发事件应急处置工作的经验教训”（评估与总结）。总体上讲，以二者为重心的评估反思工作具有以下几个特点：首先，它是一种事中事后评估工作。相比于应急准备度评估这项事前评估类型，调查评估是以事件为中心、为基础的评估工作。其次，它是一种系统全面的评估工作。相比于危机应对评估、危机重建评估、危机管理评估等专项评估，调查评估以事件为中心、以应急处置的经验教训为主题展开评估工作，旨在全面深刻地评估、反思与总结。最后，它是一种面向实践的评估工作。相比于纯粹的学术评估类型，调查评估以总结经验教训、提升应急处置能力为导向，而非以理论生产为导向，因此评估工作源于实践、扎根于实践，且致力于服务于实践。

需要说明的是，尽快调查评估具有较强的实践性色彩，但它并不排斥学术机构、专业评估机构以及其他第三方机构参与到评估过程中来。实际上，在评估中，“应急处置模式”——

它针对整个应急系统，旨在回答 A 事件同 B 事件中的应急处置模式有何不同，这种不同可能体现在互动过程、部门协同、资源保障、府际关系等方面——的评估、反思和总结更适合由学术机构来承担。总而言之，可评估的内容的多样性，决定了实施评估的主体的多元性。

（二）评估反思的原则

1. 客观性原则

调查评估是一项严肃的工作，必须具备客观性，即通过调查获得的数据和通过评估得出的结果论必须以事实为基础，与事实相符合。从而使突发事件的起因、性质、影响等在调查评估的报告中得以真实清晰地再现。

2. 规范性原则

规范性是指调查评估的程序、指标、标准、内容与结果等应形成相对固定的模式。其作用有三：一是可以降低调查评估的成本；二是可以保证调查评估的质量，避免出现避重就轻的现象；三是可以增强横向和纵向的比较，确保调查数据的连续性，从而有利于不同区域、层级的政府对调查评估的结果进行比较。

3. 独立性原则

调查评估的主体要具有独立性，其任务只能是如实调查突发公共事件的事实和影响，客观地评估应急管理机构的工作绩效，而不是为其他原因（譬如权力、金钱等）所驱使。在很大程度上，独立性也意味着权威性，即组织调查评估机构应当具有足够的权威，无论是法理权威还是知识权威。

4. 参与性原则

在调查评估中增强参与性，原因有三：一是突发事件涉及广大社会公众的切身利益，他们有权参与相关调查；二是社会公众的参与可为调查评估提供详实的资料；三是社会公众的满意度本身就是调查评估的重要数据类型和数据基础。

延伸阅读[1]

上海地铁“9 · 27”事故调查队伍构成

依据国家有关法律法规规定，经市政府同意，由市安全监管局牵头，会同市建设交通委、市交通港口局、市监察局、市公安局、市总工会，并邀请市检察院组成上海地铁 10 号线“9 · 27”事故调查组，并成立第三方专家组，全程参与事故调查过程。

5. 目标导向原则

调查评估的终极目的是提高应急管理的效能，而非分出不同个体或组织在应急处置或应急救援中各自表现的优劣。[2]坚持终极目标导向，有助于在调查评估中抓大放小，总结出可操作、可推广、可复制的应急管理经验。

① 凤凰网 2011 年 10 月 8 日报道，http://finance.ifeng.com/roll/20111008/4749204.shtml。
② 王宏伟：《重大突发事件应急机制研究》，中国人民大学出版社 2010 年版，第 179 页。

（三）调查评估的组织实施

1. 调查评估的主体

在此方面，西方国家（譬如瑞典）的做法是推行独立调查制度。[①]在危机后处理阶段，政府及其他组织必须设立第三方性质的独立调查制度，公正甄别事件成因，举一反三，汲取教训，最大限度地杜绝和减少类似的灾难、事故的再次发生；同时，独立调查委员会还应当进行责任归属、纠纷处理和补偿分配等工作。之所以作出这种制度安排，是考虑到探究危机事件诱因有一个独立于行政之外的司法体系独立调查制度，具有相对的独立性并具有相当的权威性，以公正的形式甄别事件诱因；同时，独立调查委员会作为督查机关，有权将调查报告连同有关建议向新闻界公布，寻求社会舆论力量的支持，给监督对象以压力，迫使其改正。

然而，我国目前尚未建立第三方性质的独立调查制度和机构，对各种危机事件的调查结果缺乏足够的独立性和权威性，至少从形式上讲是如此。那么，我们国家的调查评估主体是什么呢？

借用政策文本中的表述，我国政府应急管理的事中事后调查评估主体是“履行统一领导职责的人民政府”。这点仍然可以从《中华人民共和国突发事件应对法》第六十二条规定——“履行统一领导职责的人民政府应当及时查明突发事件的发生

① 薛澜：《危机管理：转型期中国面临的挑战》，清华大学出版社2003年版，第88—90页。

经过和原因，总结突发事件应急处置工作的经验教训，制定改进措施，并向上一级人民政府提出报告”中看出。

所谓“履行统一领导职责的人民政府”，是按照属地管辖原则和事件发生的范围、烈度等因素确定的。一般情况下，县级人民政府对本行政区内突发事件的应对工作负责，涉及两个以上行政区域的，由有关行政区域共同的上一级人民政府负责，或者由各有关行政区域的上一级人民政府共同负责。当突发事件比较严重，县级人民政府无法控制时，由其上级人民政府履行统一领导职责。①

以大面积停电事件为例。依据《国家处置电网大面积停电事件应急预案》，事故调查工作开展过程中，各主体及其活动方式可从表 4-6 中获得大致了解。

表 4-6 《国家处置电网大面积停电事件应急预案》中的调查评估

主要事项	具　体　要　求
事故调查	□ 大面积停电之后，由国务院有关部门组成事故调查组进行事故调查。各相关地区、各有关部门和单位认真配合调查组的工作，客观、公正、准确地查清事故原因、发生过程、恢复情况、事故损失等。 □ 事故调查应与现场应急处置工作有机结合。事故调查组到达现场后应认真听取现场应急处置工作情况介绍，并与现场应急指挥机构协调，参与现场应急处置工作。 □ 事故调查工作包括：调查组的组成，应急救援情况的调查，事故现场调查，技术分析，事故原因的判定，事故性质和责任的查明，编写事故调查报告，提出安全预防措施建议。

① 莫于川等：《突发事件应对法：制度解析与案例指导》，中国法制出版社 2009 年版，第 290 页。

续表

主要事项	具体要求
改进措施	□ 大面积停电之后，电力企业应及时组织生产、运行、科研等部门联合攻关，研究事故发生机理，分析事故发展过程，吸取事故教训，提出具体措施，进一步完善和改进电力应急预案。 □ 各相关地区、各有关部门应及时总结社会应急救援工作的经验和教训，进一步完善和改进社会停电应急救援、事故抢险与紧急处置体系。

2. 调查评估的流程

调查评估过程一般由三个阶段构成，即准备阶段、实施阶段和总结阶段。具体而言：

（1）准备阶段。这个阶段主要有以下几个方面的工作：首先，成立调查评估小组，合理配置组员并选出组长；其次，制定调查评估方案，确定调查评估对象、目的、意义、要求、标准以及基本设想等；最后，还要说明调查评估的场所、时间、进度，以及相关经费来源，等等。

（2）组织实施。这个阶段调查评估最为实质性的阶段，因而具有相当的重要性。其重要任务包括：收集信息和数据、分析数据继而得出结论。

（3）总结阶段。这个阶段的主要工作是，处理调查评估的结果，撰写调查评估报告。报告撰写要力求客观，不要受到先入为主的判断、假设和价值观念的影响。

实际的调查评估过程要比上述三个阶段刻画的流程要复杂生动得多，同时也艰难得多。然而，明确这样三个阶段，有助于应急善后的调查评估工作有条不紊地进行。[①]

① 王宏伟:《重大突发事件应急机制研究》,中国人民大学出版社 2010 年版,第 172—173 页。

后　记

《应急管理》是中共上海市委党校、上海行政学院干部能力培训系列教材之一。

近年来，国内各类突发事件呈高发态势，公共安全问题日益突出。尤其城市公共安全形势不容乐观，密集高楼、地下空间、城市综合体、轨道交通、危化品运输、特种设备等领域成了高风险的领域，对各级领导干部应急管理能力提出前所未有的挑战。为了适应干部应急管理培训的需要，市委党校应急管理培训中心应急管理项目组根据学校统一部署，特编写了《应急管理》教材。其重点从应急管理原理和基本流程的视角，基于现实案例，对应急管理理念和工作进行了梳理，期望给各级干部提供通俗性的应急管理读本。

上海市委党校、上海行政学院公共管理教研部有关教师承担了编写工作。具体分工如下：第一章由副主任、教授、博士董幼鸿撰写，第二章由副教授、博士陶振撰写，第三章由副教授、博士容志撰写，第四章由博士孙志建撰写；全书由董幼鸿统稿。

最后，感谢上海市应急办给予本书宝贵的建议及支持。囿于编者的知识和能力限制，书中的不足在所难免，敬请专家与读者批评指正。

编　者

2014 年 6 月

图书在版编目(CIP)数据

应急管理/董幼鸿主编.—上海:上海人民出版社,2014
干部能力培训系列教材
ISBN 978-7-208-12469-1

Ⅰ.①应… Ⅱ.①董… Ⅲ.①突发事件-公共管理-干部培训-教材 Ⅳ.①D035

中国版本图书馆 CIP 数据核字(2014)第 162595 号

责任编辑　吴书勇
封面装帧　人马艺术设计·储平

应 急 管 理
董幼鸿 主编
世 纪 出 版 集 团
上海人民出版社出版
(200001　上海福建中路 193 号　www.ewen.cc)
世纪出版集团发行中心发行
江苏启东市人民印刷有限公司印刷
开本 720×1000　1/16　印张 12.5　插页 4　字数 120,000
2014 年 8 月第 1 版　2016 年 3 月第 3 次印刷
ISBN 978-7-208-12469-1/D·2533
定价 35.00 元

干部能力培训系列教材

《应急管理》　董幼鸿　主编　定价 35.00 元
《媒体沟通》　赵　勇　主编　定价 35.00 元
《心理调适》　何　琪　主编　定价 32.00 元
《群众工作》　赵刚印　主编　定价 35.00 元